組織の社会技術――2

会議の科学

健全な決裁のための社会技術

著◉岡本浩一・足立にれか・石川正純

新曜社

序にかえて

◆会議が不祥事を作っている

大企業や大組織の不祥事が続発している。証券業界・金融界の損失補填や不良債権の「とばし」などの不祥事、ＪＣＯ事故の事件と言ってよいような経緯、原発の検査結果不報告、和牛偽装事例、リコール不届けなど、枚挙に暇がない。

これら不祥事の根本原因は、組織の意志決定にある。

組織で問題となる違反には個人的違反と組織的違反が区別されるが、これら不祥事のほとんどは、組織的違反である。

組織的違反のほとんどは、集団意志決定によって決定されている。人間は、ひとりで組織的違反を決定して実行できるほど強くないからである。会議で決めることができない場合でも、相談や根回しという懇談による了承が行われていることがほとんどである。また、実際に調べてみると、会議で正式に決まっていることが驚くほど多いのが実情だ。

会議が誤った結論を出すことが、組織的違反の最大の直接因なのである。それは、会議のしくみが間違っているからである。その間違いを理論と実証によって指摘し、正しい会議のあり方の筋道を示すのが本書の目的である。

日本的な会議の典型的風景は次のようなものである。

長老格の出席者が議長をする。主要な提案を諮るのもこの議長である。案を諮るごとに「ご異議ありませんか」「ご質問のある方」などと言って空気を計り、つかの間の沈黙を賛意と見なし「特にご意見ないようですので」などと言って、承認させていく。往々にして、このとき発言しようという気配の人がいると、目配せ、睨み倒し、などの非言語的コミュニケーションを用いて発言を抑制して、可決に導こうとする。

議長が提案者を兼ねるということと、疑義を抑圧しようと試みるということは、じつは、会議を会議として機能させまいとしているのに等しい。会議を開いているという事実と反するこの目論見は、さらに、次の二つの特徴によって支えられている。

Ａ　上位のレベルの大会議は、合意を確認するための儀式として理解されていることが多い。そこで内容に踏み込む論戦を行うことは了承されていない（しかし禁止もされていない）。

Ｂ　実質の検討は、下位の部署で行われている。その部署の意志決定は、会議か懇談かもはっきりしない性質のもので、議事規則も、可決基準（過半数か、全員一致か）もはっきりしていない。

◆大会議―小会議システムの問題点

この二段階（あるいは多段階）の会議システムは、次のような弱点を持つ。

大会議の問題点

Ａ－１　議題が可決を前提として提案されている。そのために、反対意見やその可能性を生む質問が歓迎されず、「不規則発言」と見なされる。

Ａ－２　議題が多いために、一つの議題に十分に時間がかけられない。そのため、込み入った質問や反対意見のまとまった陳述が歓迎されず、発言側に躊躇が生じる。

Ａ－３　部署の小会議などの原案作成過程の検討が十分なされたという前提で議案が出ている。そのため、子細にわたる質問は、当該部署の怠慢への攻撃的指摘だと見なされるおそれがあり、そのおそれのため、質問が抑制される。

Ａ－４　それにもかかわらず、質問がルール上は禁じられていないために、大会議で了承されたことは、自由な討議の末裁決されたものと見なされ、権威づけられる。

Ａ－５　多くの場合は投票による可決基準がないために、このようにして了承された議案は、全会一致で了承されたものと見なされる。

小会議の問題点

B－1　会議か懇談かの区別がつかないほど、手続きや可決基準があいまいである。

B－2　そのため、会議の進行の型や雰囲気に部署による偏倚が大きい。

B－3　議長と主要提案者の区別が希薄である。

B－4　小会議ゆえ、詳細な点、技術的に専門性の高い点についても遠慮なく議論することが建前となっているが、小会議ゆえに議論抑制的なことも少なくない。

B－5　正確な議事録を残すことがほとんどない。

B－6　決議内容が文書で残されないことが多い。そのため、大会議に報告されるまでに、決議内容に拡張解釈や縮小解釈が加えられる余地がある。

つまり、大会議は、フォーマリティが高く、具体的な論点は下部会議で検討済みであることを前提にしてセレモニー化している。他方、小会議の方は、フォーマリティが低く、詳細にわたる率直な議論をする場であり、大きな間違いは大会議で修正されるものと考えられているが、実際に議論の場として機能しているとは限らない。小会議ではきちんとした会議手続きが遵守されず、大会議では、立場を完全に逆にした立場からの質問は出ないものと考えられている。

この二段階のシステムは、適切に運用されれば、柔軟な機能を果たすこともあるはずだが、不適切にあるいは恣意的に運用されれば、可決するはずのない原案、通してはならない原案が採択される危険を秘めている。後者の傾向が顕著になってきていることが、日本の組織の意志決定を脆弱なものにしているのである。

人間は、同調的な動物である。上位者からの圧力があれば服従することもあり、また、圧力がなくとも種々の理由で意見の表明を躊躇したりする存在である。そのことを前提として、健全な意志決定の条件を考えるなら、（a）意志決定に参加する人たちの「智慧」が発揮される手続きを考えること、（b）大きな瑕疵のある手続きで裁決された決定は無効にすること、の二つが必要である。

欧米には、会議手続きのひな型とされているロバート議事規則というものがある。これも、原型どおり用いられていることは少ないが、議場の議長選出権など、いくつかの条件は、慣習として守られている。

もとより、わが国においても欧米においても、議事規則や慣習もそれぞれの機関ごとにある程度異なる。集団意志決定という行為が社会的産物である限り、理想的なたった一つの意志決定手続きを想定するのはあまり意味がない。しかしながら、本質的な瑕疵のある意志決定手続きには大きな問題があろう。

本書は、意志決定の日本的傾向にも留意しながら、意志決定手続きの本質的瑕疵の危険について理論と実証の両面から分析したものである。

著者らは、これまでの多くの不祥事についての種々の調査報告書に通暁するよう努め、豊富な実例をあらかじめ念頭にしてから分析に着手した。理論的色彩が強い印象をお受けになるかもしれないが、私どもの関心は実践である。エレガントな理論と実証こそが、真に実用的な教訓を生むと考えているのである。方法論が従来の社会心理学の枠を超えている部分が多いのはその現れである。

目次

図表リスト

装幀＝加藤俊二

第Ⅰ部　会議という落とし穴——決定のプロセス・マネジメント

Ｉ部では、まず昨今起きた大会社による不祥事の事例を取り上げ、トップの関与する会議を経たにもかかわらず防げなかった重要な理由の一つに、会議システムの不備があったことを見てゆく。そして、会議を含む話し合い一般へのさまざまな介入方法について概観する。これらの方法は、話し合いに見られるクセを特定し、そのクセを緩和あるいは抑制するために、話し合い時の相互作用にある一定の枠組み（ルールや話し合いの構造化など）をはめ込むものである。そして、いずれの方法も、決定プロセスに注目することの重要性を認識した上で、話し合いの目標に沿ったよりよい意志決定につなげることを目標としている。

また、そもそも決定プロセスに注視することがなぜ重要なのか、そうしないことによって実際にどのような問題が生じるのかということについても、心理学的な観点からだけでなく、政治学者、歴史学者が直面する問題も取り上げながら見てゆく。これらの例から、組織における意志決定プロセスを監視し管理することの必要性に加え、決定プロセスの記録をきちんと残すことの重要性が理解していただけるのではないかと思う。

決定プロセスを記録に残すよう促すことによって関係者に説明責任を意識させることは、内向きの論理で正当化されてきた不正を抑制することにつながるだろう。そしてまた、こうした記録を次に生かすことによって、先々起こりうる組織の問題に予防線を張ることも可能なはずである。記録を蓄積することは、組織で働く人々の暗黙の前提となっている決定様式――これは組織文化の一つの構成要素だとも言える――を自ら明らかにしようとする努力に他ならない。さまざまな組織において、こうした努力を促すしくみが、今の社会には必要だと言える。

第1章　「会議」に現れる問題

「会議」の何が問題なのか

◆効率的で生産的な会議を実現すること

ふらりと書店に立ち寄り、「会議」をテーマにした本が並ぶ本棚を眺めてみよう。たぶん、たくさんの会議の指南書が並んでいるだろう。たとえば、『会議の効果的な運営』『会議の上手な進め方』『成功する会議』、あるいは『会議不要論』といった本があるかもしれない。この手の本が次々と出版されるということは、それ相応のニーズがあるということを示していると言えるだろう。

いまやどんな組織でも、定例会、臨時の会議、打ち合わせミーティング等々、会議やミーティングのない日はないと言ってもいいはずだ。企業人なら、出なければならない会議をいくつも思い出すことができるだろう。あなたは自分が一日に、どれくらい会議のために時間を割いているか計算したことがあるだろうか。ある調査によれば、主要企業のホワイトカラーが総勤務時間内で会議・打ち合わせに使う時間は１６３分、取締役や部長ともなると２００分を超え、ちょっとした打ち合わせを除いて会議だけを見ても、平均２時間近くを費やしていると報告されている（森谷・上田 1987）。また別の調査では、管理職が一日に会議や打ち合わせに費やす時間は3時間58分、つまりほぼ4時間（会議のみでは1時間40分）である。一日の勤務時間の平均が約10時間とすると、そこに会議の占める割合は約20％に上るという結果が示されている（表１‐１、日本能率協会 1982）。

　これだけの時間を会議に費やしていれば、「会議の時間が長すぎる！」「もっと効率よく運営できないのか」等々、会議に関していろいろな問題が噴き出してくるのは当然だろう。そこで、再び本棚に目を移して、そこに並ぶ会議の本が何をテーマとして扱っているのかに注意を向けてみよう。おそらく、そこにある多数の「会議本」は、いかに会議をうまく、効率よく運営し、有益な時間とするかということを念頭に置いて書かれているのではないだろうか。さらに具体的に内容を見てみると、大雑把にではあるが、会議の効率化、活性化、話術の研磨、会議環境の整備、と分類できそうである。

　たとえば、いくつかの会議本の目次を見てみよう。「議事を円滑に進める技術」「会議の進行――スムーズにすすめるポイント」「会議を効率よく進めるために」「時短につなげる会議の工夫」など、これらは会議の効率化をテーマとしたものと言えるだろう。「参加者の役割――会議をイキイキさせるために」「議論を活性化させる技術」「会議を活性化する進行方法」「会議活発化の技術――質問はこうしてする！」「会議は進行係で決まる」「とにかくアイデアを出す」などは、会議の活性化（生産性、創造性を高める）のテーマに分類してもよさそうだ。さらに「存在をアピールできる効果的発言術」

表1-1　役職別に見た一日あたりの打ち合わせ・会議時間

役職	打ち合わせ	会議	合計
取締役	107分	97分	204分
部長	101分	115分	216分
次長	98分	92分	190分
課長	96分	74分	170分

森谷・上田（1987）をもとに作成

「プレゼンテーションを成功させるコツ」「自分の意見を通すには？」は、説得・交渉・話術がテーマであり、「会議の環境を整える技術」「会議の場所・座り方のコツ」「全員の顔が見える位置に座る」のテーマは会議環境だろう。

これらの目次から、会議に関してしばしば問題となるのは次のようなことであるとわかる。

①**効率の悪さ**――時間を必要以上にかけすぎる。会議の数が必要以上に多い。すぐ決められることが決められないなど。

②**会議のマンネリ化・形骸化**――実質的な話し合いがなされず、単なる承認会議や報告会になっている。いい案が出てこないなど。

③**討議内容の煩雑さ**――話し合いの目的や内容が不明確・不明瞭。説明が伝わりにくいなど。

④**会議の雰囲気**――自発的な参加意欲が見られない。必ず誰かが居眠りしているなど。

もちろん、会議の雰囲気の悪さが会議の活性化を妨げるなど、それぞれの問題は互いに関係しあい、重なり合っている。また、このような四つの枠組みに収まらない問題もあるだろうが、会議をめぐって問題とされているテーマを大まかに見る助けにはなるだろう。

◆不正を容認した社内会議

この十数年、組織ぐるみの不正行為が立て続けに明るみに出て、社会的に大きな問題となっていることは「序にかえて」でも述べた。ここで、そうした組織的な不正に関して特に問題として取り上げたいのは、経営幹部らトップが参加した組織内の会議で話し合われた上で、不正が容認されてきたケースである。そこから浮上する「会議の問題」は、今見た四つの問題枠組みのどこに位置づけられるのだろうか。

ここでは例として、ジェー・シー・オーの東海事業所（以下ＪＣＯ）と三菱自動車（三菱ふそうトラック・バス（２００３年１月に三菱自動車から分社）の二つを取り上げ、あらためて、問題となった不正案件がどのような会議で容認されてきたのかという観点から眺めてみよう。

ＪＣＯ東海村事業所の例

国内原子力産業史上最悪の事故とされる臨界事故を引き起こしたＪＣＯでは、事故に直接関係する以外のところを含め、違法な工程変更箇所が１００を超えていたことが明らかになっている。しかも、これらの工程変更すべては、上層部の知らないところで作業員によって勝手に変更されたのではなかった。では、上層部が知っていたからには、そのような違法な工程変更が経営幹部らの会議で問題となり、何らかの対応策がとられたのだろうか？　答えは、違法行為の是正に関する限りノーである。これもＪＣＯ臨界事故の裁判により明らかになったことだが、違法手順・許認可なしの装置改造が問題として幹部の出席する会議で取り上げられたにもかかわらず、改善対策は一切行われてこなかったのである。

　ＪＣＯの幹部たちが、法令違反状況についていつから把握していたのかは重要な点であろう。裁判によって明らかにされたところによれば、１９８５年からすでに装置や手順の一部変更がなされており、１９８７年の時点でＪＣＯ施設等での法令違反の実態を把握するために調査が行われていたという。このときの調査によって「加工事業許可にない工程の実施」「許可を受けていない違反装置の使用」「安全専門委員会が保安規定通り開催されていない」「原子炉等規制法に基づく許認可を受けた内容を、安全専門委員会に諮らず変更することが行われている」等が指摘されており、同時に、科学技術省（当時）の立入検査に備えて見つからないよう管理・登録すること、そして、順次違反設備を減らすことなども検討されていたというのである。

　このように、幹部らが法令違反の実態について調査なり対策について話し合いを持つ機会は、１９８７年を皮切りに、１９９１年、１９９２年、１９９４年、１９９５年、１９９７年と、少なくとも６回はあったことが、現時点で明らかになっている。１９９２年には、〝事業基盤を揺るがしかねない事態の内容とその対策を検討する機関〟として危機管理委員会が設置され、その会議では、想定される事態ごとにテーマを決めて担当者を割り振り、それぞれ対応を検討するということになっていたようである。しかし、そのときもその後も、法令違反項目についての是正措置は話し合われず、結果的に放置されることとなる。ちなみに、この危機管理委員会の構成メンバーは、委員長が事業所長、委員は、副事業所長、核燃料取扱主任者、総務部長、安全管理室長であった。

さらに、１９９５年に開かれた安全専門委員会では、転換試験棟（高濃度ウラン溶液製造場所）での違法・逸脱操業の実態が議題として取り上げられ、報告（正確には、仮設配管設置による溶液の混合・撹拌、ステンレスバケツ使用による溶解などの作業方法についての説明）がされている。その結果、この委員会では、それら作業方法が違法なものであり、安全管理の側面から見ても非常に問題があるとの結論が下されたのだろうか。残念ながらそうはならなかった。それどころか、彼らはその作業方法を承認してしまったのである。この安全専門委員会には、安全主管者（事業所長）、核燃料取扱主任者、安全管理者が出席していたにもかかわらず、である。そもそもこの安全専門委員会は、「核燃料物質の加工に関する保安」のための機関（保安規定第９条）であることを期待されていたのだが、その役割をまったく果たさなかったと言えるだろう。

違法な手続きを承認してきた幹部らは、臨界事故を起こす事の重大さを認識しきれていなかったのではないかと思われる方もいるかもしれない。しかし、ＪＣＯの１９９２年８月18日付けの書面「危機管理（基本資料）（秘）」で、「その（臨界事故の）発生確率は低いものの、発生した場合の最悪のケースとして、従業者は被曝し、顧客の原子力核燃料サイクルが停止し、行政からは許可を取り消され、住民からは拒否され、影響度合いとしては極めて強く、事業不能となる」と報告されていることも明らかになっている。トップ以下幹部たちが、臨界事故を起こした場合の事態の重大性について認識していたことは、ほぼ間違いないだろう。にもかかわらず、彼らは会議で違法な作業を容認してきたのである。

三菱自動車・三菱ふそうの事例

三菱自動車のリコール隠し事件では、どのような会議で不正が容認されることとなったのだろうか。現在、係争中の問題もあり、今後新たな事実が判明するかもしれないが、今現在明らかにされているところに限定して見ていこう。

2000年7月5日の運輸省（当時）の抜き打ち監査によって、三菱自本社に隠匿された客からのクレームやリコール情報の記載書類が発見され、組織的なリコール隠しが発覚し、大きな社会問題になったのはまだ記憶に新しいところである（この件についての株主代表訴訟は2003年12月に和解が成立した）。しかし、2002年1月に横浜の母子3人が死傷した大型車のタイヤ脱落事故が起き、車の構造的な欠陥（車軸周辺部品のハブの強度不足）によって生じたのではないかとの疑いが浮上した後、再び次々と新たな不具合情報の隠蔽が明らかとなった。

タイヤと車軸をつなぐハブの欠陥については、1994年6月にも三重県内を走行中のトレーラーによる同様のタイヤ脱落事故があり、事故後、同社幹部らが再発防止策を検討する会議を頻繁に開いていたことが判明している。最初の事故から2年目、二度目のタイヤ脱落事故が起きたこの年（1994年）の11月頃、三菱自のトラック・バス開発本部の当時の幹部は「このまま放置すると大変な事態を招く」として、主要構造部分の設計や再発防止策の検討を目的とした対策会議「大型車ホイル・ハブ・ボルト・ナット会議」を招集し、本部長や副本部長ら数人をメンバーとして10回以上会議を開いていたのである。このことから、ハブの欠陥とタイヤ脱落によって重大事故が起きる危険性を認識しながら、対策を講じなかったのではないかということが問題にされることとなる。

また、クラッチ部品の欠陥については、１９９０年頃から担当者が幹部にその問題を進言しており、１９９４年8月30日の商品性確認会議で、品質保証担当社員が不具合防止策を提案していたという。しかしその際、幹部に「そんな古い話を持ち出すな」と一喝され、その問題もまた放置されることとなった（毎日新聞２００４年10月7日東京朝刊）。そうしているうちに、１９９６年にはトラブル件数が約30件に達し、１９９６年5月中に3回開かれた社内会議のリコール検討会議で、クラッチ欠陥対策が議題として取り上げられることとなる。しかし、幹部クラスの出席するその会議で、クラッチ部品の欠陥は「人身事故を引き起こす可能性がある」と報告されたにもかかわらず、巨額費用を理由に欠陥部品を密かに交換するヤミ改修で対応するとの決定が下されてしまう。

ところで、その「リコール検討会議」にかける前の段階で、すでに二度の準備会を経ていたことも明らかになっている。当時、品質保証部門の課長クラスの社員が初回の準備会で「放置すれば事故を引き起こす」とする技術部門の見解を報告したものの、同部門の担当部長も出席した2回目の準備会では、リコールの対象となるのが主力商品である大型トラックに集中することから反対意見が続出し、「販売への影響が大きい」「この程度の欠陥ではリコールできない」などとする意見に押され、リコール検討会議での最終協議を待たずに欠陥隠しの方針が固まっていたという（読売オンライン2004/5/22）。そして、リコール検討会議でも欠陥について最終協議しないままリコール隠しが承認され、ヤミ改修を行うとの提案が通ってしまったのである。

これまで問題にされてこなかった「会議の問題」

◆集団討議に伴うクセ

先に、書店に並ぶ「会議本」が主に扱っているテーマが大きく四つ――「会議の効率化」、「活性化」、「話術の研磨」、「会議環境の整備」――に分けられるのではないかと述べた。では、ＪＣＯ事故や三菱自動車問題を例に見てきた会議については、この四テーマのどれが問題だったのだろうか。幹部が部下を恫喝するような会議の問題は「効率の悪さ」にあるのか、あるいは、マンネリ化のため「活性化しない」ことにあるのだろうか。ＪＣＯや三菱自動車の会議に見られる問題は、四つのテーマのどれにも該当しないように思われる。

筆者たちがここで問題にしたいことは、「明らかに不正だと思われる案件が議題に上がり、それについて議論されることになったのに、なぜそれが承認されるに至ったのか」ということである。この会議の問題は、「会議本」の四つのテーマにはない、決定手続きを含む「決定プロセスの健全性」とでもいうべきテーマとなるだろう。もちろん、先に挙げた四つのテーマが相互に重なり合い関連しあうものであったように、このテーマも四つのテーマから完全に独立したものではない。たとえば、そこには会議のマンネリ化や形骸化（実質的な話し合いがなされず、単なる承認会議や報告会になっている。いい案が出てこないなど）も、かかわっているだろう。しかし、「決定プロセスの健全性」は、これから本書で見ていくように、じつは会議の結論を左右するきわめて重要な問題なのである。

さて、ここで決定プロセスの健全性をテーマとして話す前に、「集団で話し合って物事を決める」ときに見られる、相互作用上の、いわばクセについて触れておきたい。このクセはいろいろあり、社会心理学の領域だけでも数多くの研究の蓄積がある。まず、話し合いでよく用いられるブレインストーミングという集団技法を例として取り上げ、集団で話し合うことによって生じるクセを見てみよう。

集団によるブレインストーミングは、個人のアイデア生成を促進するか

そもそも、「集団で話し合う」という形式をとることのメリットは何だろうか。「一人で考えるより、いいアイデアが出そうだ」というのは、すぐに思いつく理由の一つだろう。実際、そのような考えからオズボーン（Osborn, 1957）が開発したのが、〝ブレインストーミング〟という集団技法である。彼は、集団でブレインストーミングを行うことによって、アイデアの〝質〟と〝量〟がともに高められ、効果的な集団討議をすることができると考えたのである。ブレインストーミングは現在でもよく用いられる技法であるため、正しい用法だったかどうかは別として、一度くらいは経験したという方も多いだろう。

このブレインストーミングという集団技法が基礎にしているのは、オズボーンの「判断を保留する」「量は質を生み出す」という、二つの考えである。そして、彼はこの二つの考えから、さらにアイデア生成のための四つのルールを導き出している。

①アイデアを批判しない。
②奇抜なアイデアであるほどよい。
③アイデアの数が多いほどよい。
④アイデアをまとめたり、磨きをかけることも奨励される。

「アイデアを批判しない」というルールがあれば、参加メンバーは人の評価を気にせず次々とアイデアを出すだろう。また「奇抜であるほどよい」のだから、同調して誰かの意見に合わせる必要もなく、新しいアイデアが出てくることが期待できるというわけである。

オズボーンは、このルールに従うことで個人のアイデア生成量が2倍になると豪語したとされるが、はたしてそのとおりなのだろうか。同じ疑問を抱いた社会心理学者たちは、それを確かめるための研究をいくつも行っている。それらの研究で用いられた実験の方法は、研究の目的によって多少の違いはあるが、比較的シンプルでわかりやすいので、その基本的な手順について少し説明しよう。

（1）最初に、実験参加者をグループでブレインストーミングをしてアイデアを出し合う人たち（グループ条件）と、一人だけでアイデアを出す人たち（個人条件）とに分ける。

（2）次に、グループで行う人たちには、先ほどの四つのルールを伝えて、それを守るようにしてもらう。一方、一人で行う人たちには、「アイデアが奇抜であるほどよい」ことと、「アイデアは数が多いほどよい」ことを告げる。
（3）その後、テーマが与えられ、グループ条件の人たちはグループごとに、個人でやる人たちは個人個人で、ブレインストーミングを行う。
（4）最後に、実際に出てきたアイデアの数（量）や質について、グループで行った人たちのアイデア（量・質）と、個人個人から出てきたアイデア（量・質）を比較する。

グループ条件と個人条件のアイデアの量と質を比較することによって、オズボーンの言うようにグループで行うとアイデアがたくさん出され、しかもそのアイデアが優れたものになっているかどうかを確認するというのが、ブレインストーミングを使った研究の基本的な方法である。

ところで、その産出されたアイデア（その量と質）の比較方法だが、グループで行った人たちから出されたアイデアを、個人で行った人一人分のアイデアと比較するのでは公平でない。個人で行う人たちを比較するグループの人数と同じ人数分集め（これは名義集団と呼ばれる）、その人数分を合計したアイデアと、グループによって出されたアイデアとを比較するのである。たとえば、グループの人数が4人であれば、一人だけでブレインストーミングを行った人たち4人分のアイデアを集め、それをグループのアイデアと比較するということになる。

さて、オズボーンの言うとおりであれば、グループ条件のアイデアは、個人条件でブレインストーミングを行った名義集団のアイデアより数も多く、質も優れたものになるはずである。

集団討議によるクセ――プロセスの損失

では、肝心の研究結果について述べよう。ディールとストローブ（Diehl & Strobe, 1987; Diehl & Strobe, 1991; Strobe & Diehl, 1994）が、彼らの行った一連のブレインストーミング研究とその他の研究結果をまとめて到達した結論は、オズボーンの信念（集団でブレインストーミングすることによって、一人ひとりのアイデアの生産性と質が向上する）に反するものだった。アイデアの量と質を向上させたければ、一人ひとり個別にアイデアを出したものを持ち寄った方が、グループでブレインストーミングするよりもよい結果を得られる、というのが彼らの結論なのである。これらの研究からは、ブレインストーミングを集団でやることのメリットが見いだされないばかりか、そのデメリットが明らかになったのだった。

ブレインストーミングに限らず、通常、集団で課題遂行を行うときには、一人で同じ課題に取り組むより優れた成果が得られると期待しがちである。しかしそうした期待に反して、今述べたブレインストーミングと同様に、集団で行ったとしても期待される成果に達しないばかりか、個々人の成果を集団人数分集めた方が優れていることを示した研究が多い。このように、集団で行われることによって期待される成果と実際に観察された成果との間に生じるズレは、メンバーの相互作用における「プロセスの損失」（process loss）と言われる（Steiner, 1972）。ブレインストーミング研究の結果は、集団で話し合う過程で課題遂行に向けられるはずの個々人の力が結集されずに散逸してしまうこと、つまり相互作用のプロセスにおいて損失が生じることを示唆したのである。

ディールらはブレインストーミング研究を手がけるなかで、この「損失」を生じさせる原因として、次の四つの阻害因を挙げている。

①**評価懸念**（evaluation apprehension）——ブレインストーミングでは次々と新奇な意見を算出することが求められる。しかし、自分の意見が他メンバーから否定的に評価されないかという懸念が生じ、発言を控えてしまうというのが評価懸念という阻害因である。この阻害因は、奇抜なアイデアを求められるブレインストーミングだけでなく、集団の中で人が話すときにはいつでも作用する可能性がある。またその影響力は、話し合いの雰囲気などによって変わるだろう。たとえば、緊迫した状況で冗談も言えないような場面と、皆がぽんぽんと軽口をたたくような話し合い場面では、この評価懸念が個々のメンバーの心理に作用する度合いは異なるはずである。

②**発言量の同調**（production matching）——この阻害因は、どの程度自分が発言（発案）しようとするかを、他のメンバーの発言量を参照しながら決めてしまう傾向を指している。つまり、他の人があまり発言しないようであれば、同じように自分も発言を控えるという一種の同調行動が生じることに注目した要因だと言えるだろう。この発言量の同調も、評価懸念の阻害因と同様に、集団で話し合う場面であれば常に参加メンバーに作用する可能性がある。

③**ただ乗り**（free riding）——ただ乗りは、他のメンバーの努力に期待する一方で、自分は手を抜き、努力を惜しむことを指している。集団で行うことによって課題遂行に貢献しようとする個人の動機づけが下がり、その結果として全体の課題遂行に向けられる力が減ってしまうのである。これは、自分の努力が全体の成果にどの程度貢献するのか、その度合いが明確ではない場合や、自分が何もし

なくとも他の優秀なメンバーの頑張りで目標を達成できるような課題において生じがちである。したがって、ただ乗りをしようとしてもできない課題というのは、他メンバーの努力に頼ることができず、しかも自分の貢献が直接集団の目標達成に反映されるものということになる。すべての人がゴールに達しなければならないような課題の場合、個々のメンバーは手抜きをしたくてもできないが、自分の貢献なくして目標達成はあり得ないと感じる分だけ、尽力するための動機づけも上がるだろう。このことは、課題によって出現する阻害因が変わることを意味している。

④ **発話のブロッキング**（production blocking）——この阻害因は、通常の対面集団（顔を実際につき合わせて話し合う集団）では、一時点で発話可能なメンバーが一人であることに起因する。よくあるような会議場面を思い浮かべればすぐにわかるが、誰かが発言しているときにもう一人が同時に発言することは不可能、もしくは、許可されないだろう。ブレインストーミングを行うときも同様に、誰かが発言しているときにはそれに耳を傾けている必要がある。さらに、ブレインストーミングでは、他の人が話している間にもアイデアを考え、しかもそれを忘れないようにしなければならない。また、アイデアを忘れないよう記憶を保持する間は新たなアイデアを考えることができない。このように、認知資源の制約から損失（ロス）が生じるのが、発話のブロッキングという阻害因である。

なお、ストローブとディールは、以上四つの阻害因のうち、ブレインストーミング課題において最も強く作用しているのは、「発話のブロッキング」であると指摘している（Strobe & Diehl, 1994）。

◆不正容認防止装置が働く健全な会議を実現する

ここで再度認識していただきたい重要な点は、一人でブレインストーミングをする場合には生じない障壁が、集団で行うことによって立ち現れてくるということである。今見てきたアイデア生成の障壁は、集団討議に伴う一種のクセによってできたものだったが、これらのクセは、ブレインストーミング課題固有のものではなく、集団で話し合いを持つさまざまな場面でも生じる可能性がある。しかしまた、ブレインストーミングのように生産性や創造性を重視した課題と、何か一つの問題を解決しなければならない、あるいは、いくつかの選択肢から一つの選択肢を選び出さなければならないというような課題とは、それぞれ話し合いの目標も過程も異なっている。したがって、当然のことだが、それぞれの課題を集団で行うことによって生じるクセが、ブレインストーミングで見いだされたクセと異なるということも十分に考えられる。そして、そのようなクセが、ブレインストーミング課題と同様、結果そのものに影響を及ぼすこともまた十分考えられるのである。

しかし、集団で話し合うことに伴うクセを念頭に置きながら、話し合いの場を持つ人はそれほど多くないのが現状だろう。集団で話し合うことに伴うクセを知らないまま、単純に「皆で一緒に考えれば大丈夫だろう」「皆で話し合えばいい案が出てくる」と思い実行に移すと、ときに手痛い目に遭いかねない。集団で決定することのクセを理解することなく、それゆえ、クセに対する何らの対策も講じないまま重大な決定を下そうとするのは、ある意味冒険である。事実、ＪＣＯや三菱自動車の事例で見たように、議案として取り上げられ、会議で話し合う機会が設けられたにもかかわらず、法に抵触する案件が通ってしまうという事態が生じている。話し合いに素朴な信頼を寄せて物事を決めることに不安を覚えるとしても、それがまったくの杞憂であるとは言えないだろう。

ここで再びＪＣＯや三菱自動車の会議の問題に戻ろう。これらの事例を見て抱かずにいられないのは、なぜこれほど重大な不正に関わる案件が会議で通ってしまったのか、という疑問である。案件が出た時点で、「この案件には賛成しかねる」と、誰も思わなかったのだろうか。あるいは、そうは思ったものの、反対できずに承認決議で賛成してしまったのだろうか。「賛成しかねる」と思ったのは、ひとりだけだったのか、それとも、複数名いたのだろうか。話し合いの場面で、反対意見を述べる機会はあったのだろうか。誰か反対意見を言ったものの、結局なんとなく、承認決議のとき皆が賛成してしまったのだろうか。反対意見を繰り返し述べていた人がいたにもかかわらず、それが無視され通ってしまったのだろうか（三菱自動車では、まさにそれに近いことが生じていた）。承認することを、暗に、場合によってはあからさまに要求するようなトップ（もしくは、トップに近い人）の言動があったのだろうか。

集団討議プロセスにどのようなクセが存在し、それがどのような阻害因を生み、最終的な結果にどのような影響を与えているのかを知ることは、非常に重要である。ブレインストーミングの研究からもわかるように、何が目標達成を妨げる障壁となっているのかを明らかにして、その障壁を生み出す集団のクセを制御する必要があるからである。ひるがえってＪＣＯや三菱自動車を見ると、外部の人間が見る限り、当然通るはずがないだろうと思われるような案件が通っていることから、この事例の決定に至るまでのプロセスを詳しく検証し、なぜ会議で通るという事態が生じてしまったのか、その原因を特定する必要があるはずだ。そうすることで、再び同じ状況を作り出さないための対策を講じることが可能となり、問題を起こした組織のみならず、他の組織にもその失敗を生かせるからである。しかし残念ながら、日本では、責任の所在が誰にあるのかを追及することには熱心でも、原因を究明し、その教訓を社会に還元するという制度的なシステムがないのが現状である。

ところで言うまでもないことだが、ＪＣＯや三菱自動車に見るような組織的不正の原因のすべてが会議にあるわけではない。たとえばＪＣＯ臨界事故では、安全教育の不徹底、国の安全規制のあり方、発注側の無理な要求など、臨界事故に至ったさまざまな原因が指摘されている。したがって、会議における問題案件の承認は、臨界事故に至るいくつもある道筋の一つにすぎない。しかし、問題案件が会議（たとえば、ＪＣＯや三菱ふそうであれば「危機管理委員会」や「安全専門委員会」）で承認されなければ、少なくともその道筋の一つが塞がれたはずである。また、ＪＣＯや三菱自動車の問題を見る限り、会議で出された結論が直接的にも間接的にも、組織ぐるみの不正の維持に加担することになったのは紛れもない事実である。

ＪＣＯや三菱自動車の例を引くまでもなく、組織に所属する人間であれば、誰かの機嫌を損なわないように物事が決まってしまった例や、誰かの一存だけで案が通った例、反対する人がいるはずなのに、結局誰も反対を唱えることもなく案件が通った例など、決定までのプロセスに明らかに問題のある会議に遭遇したことが、一度くらいはあるかもしれない。本書では、そうした問題を含め、物事について最終的に決断を下す場でもある会議を中心とした決定プロセスを取り上げながら、そこで起こりうる決定手続き上の問題をいくつか指摘したい。また、誰かの恣意的な決定手続きによって物事が決まるということがないようにするためには、どのような措置が必要なのかについても併せて考えていきたいと思う。

基本的な姿勢は、四つのルールを用いることで集団のコミュニケーション・パターンを制御しようとしたブレインストーミング技法と同じである。つまり、会議という場での集団相互作用――話し合いから決定に至るまでのプロセスを、手続き的に制御するやり方（亀田 1997）――を念頭に置いている。話し合いに参加する人数の多寡や、特定の人物の専横、トップの独断などのそのつどの状況や都合によって、不適切な案件が通りやすくならないようにする。言い換えれば、手続き的な介入をすることによって、不正容認防止装置が働く健全な会議を実現しようというものである。

会議における相互作用に何らかの形で介入するという発想自体は目新しいものではない。情報技術の発展が著しい今日にあっては、会議システムが導入され、遠隔地にいるメンバーとのリアルタイムでのやりとりが可能になっている組織も少なくないだろう。こうした会議システムも、一種の会議への（情報技術による）介入だと言える。会議での決定手続き上の問題提起をする前に、次章では会議での相互作用をサポートする介入方法にはどのようなものがあるのか、その例をいくつか紹介しよう。

第2章　会議をサポートする――さまざまな会議支援システム

会議運営のＩＴ化

◆対面式会議とコンピュータ・ネットワーク会議

話し合いのプロセスに介入するものの例として、情報技術を利用したコンピュータ・ネットワーク会議システム（以下、ネットワーク会議システムと略記）から取り上げよう。10年前と比べると、今日の情報環境は隔世の感がある。名刺には電話番号だけでなく、当然のようにメールアドレスが載せられ、「それでは、その件につきましてはまたメールでお知らせします」などというセリフも日常生活の中にすっかり馴染んでいる。会議に関しても同様で、情報技術を利用した会議も珍しいものではなくなってきた。大きい企業ともなれば、社内にテレビ会議システムがあり、月に一度は利用しているという読者もいるだろう。

ネットワーク会議システム

最初にネットワーク会議システムについて少し説明を加えたい。じつは、ここで取り上げるネットワーク会議には、上で述べたテレビ会議システム（メンバーの姿をディスプレイなどに映し出し、音声でやりとりを行う）は含めていない。会議に情報技術を導入する場合、情報工学的に見ると二つの方向性があると言われている。一つは、対面して行うときの自然なやりとりに近づけることを目標とするものであり、遠隔地にいる人同士が現場に居合わせているかのような臨場感溢れた状況を作り出すテレビ会議は、そうした方向性を持つ技術を導入している例である。もう一つの方向性は、集団で話し合うある特定のプロセスに介入し、対面式での話し合いよりも決定の質を高めようとするものである。この場合、対面集団での話し合いにおいて生じるさまざまな問題を克服することが目標となる（石井 1994／亀田 1997 参照）。

以上を踏まえると、ここで取り上げるネットワーク会議システムは、後者の志向性を持つ情報技術だと言えるだろう。このネットワーク会議システムでは、基本的に電子メール機能や電子掲示板などへの書き込みなど、コンピュータ同士を結ぶネットワーク上でのやりとりが中心となる。顔の画像や音声を使用可能なものもあるが、基本的にテキストベースでの意見交換である。また、このネットワーク会議システムは、会議に参加するメンバー同士が遠隔地にいるときにのみ使用されるのではなく、参加者一同が同席しつつも、「決定の質を高めるため」に利用する場合もある。

対面式会議とコンピュータ・ネットワーク会議に見られるコミュニケーションの特徴

まず、対面式会議とネットワーク会議の違いに焦点を当てて見てみよう。通常の対面式での話し合いに見られるコミュニケーションの特徴には、次のようなものがある（McGrath & Hollingshead, 1994）

・すべてのメンバーがすべてのチャンネルにおいて、時間差なしで（タイムラグが0）結ばれている。
・一時点において発言をすることのできるメンバーは一人に限られる。
・話し手は、次の話者が誰になるかある程度コントロールでき、また話に割って入ることもできる。
・メンバーの発言量は均等ではない。
・話し手は、さまざまなチャンネルを通じて、発言権の移行（発言の終了）を示すことができる。次の話し手になる可能性はすべての他の参加者にあるが、しかし一人にしか発言権は移譲されない。
・匿名性が存在せず、メッセージの発信者が直ちに特定される。
・参加者は、各発言がそれ以前の発言、もしくは、予想される発言と、論理的あるいは心理的に関連していることを期待している。

他方、対面による話し合いに対して、リアルタイムのネットワーク会議を用いた場合でのやりとりには、次のような特徴がある（Kiesler & Sproull, 1992）。

- 会議への参加度がメンバー間で均等化しやすい。
- 一時点で一人の話者という物理的制約が低減される。
- 他メンバーの属性に関する社会的な手がかり（年齢・性別・社会的地位など）が乏しくなる。そのため、先入観を持ちにくく、相手に対する社会的・心理的な壁が取り除かれやすくなる。
- 多数が参加していても、少人数で話しているかのようなコミュニケーションが可能である。
- 社会的文脈（相手の表情・声・頷きなどの動きなど）が見えにくいため、コミュニケーションの内容や、そこで表出される感情的トーンが極端になる傾向がある。
- 合意形成はしばしば容易ではなく、対面式と比較して時間がかかりやすい。

◆対面式会議とコンピュータ・ネットワーク会議を比較する

では、今述べたような対面式会議とコンピュータ・ネットワーク会議に見られるコミュニケーションの違いは、話し合いにどのような影響をもたらしているのだろうか。その影響を具体的に見るために、対面式会議とネットワーク会議を比較した二つの研究を紹介しよう。研究の一つは、社会的地位に差のあるメンバーによって構成されたグループが議論した場合、対面式会議とネットワーク会議とではどのような違いが見られるかを調べたものである。そして、もう一つの研究は、先述した「ブレインストーミング」課題を行ったとき、対面式会議と比べてネットワーク会議システムを用いた場合ではどういう結果になるかについて検討したものである。

地位と発言力の変化

通常見られる対面形式での話し合いでは、地位の低い人より高い人が、そして、女性より男性の方が多く発言することが、多くの観察研究などから明らかになっている。しかも、こうした発話量の偏りは、検討中のトピックに関して専門的知識を持ち合わせていないときでさえ見られることが報告されている。この問題は、社会的な手がかり（年齢、性別、地位など）が誘因となるが、対面式の会議とは異なり、ネットワーク会議では発言者のこのような属性情報は、積極的に明らかにしない限り相手に伝わらない。したがってネットワーク会議では、社会的手がかりや発言機会が平等化されやすく、こうした問題が発生しにくいはずである。はたしてこの予想に違わず、対面式会議に比べてネットワーク会議では参加者が対等に意見交換を行えるため、特定の誰かの意見に同調するということが起こりにくく、質の高い決定がなされることを示した研究がいくつもある。

たとえば、デュブロスキーらは、地位の格差のあるメンバーが話し合いをした場合、どのような話し合いがなされ、それが結果にどのような影響をもたらすのかを検討している（Dubrovsky, Kiesler, & Sethna, 1991）。彼らの実験は、修士課程の学生（相対的に見て社会的地位が高い）と大学の新入生（地位が低い）でグループを構成し、ある課題について議論し、グループとして決定をしてもらう（結論を出す）というものだった。話し合いをする状況は、全グループのうちの半分は対面式会議で行い、残り半分のグループはネットワーク上での会議で行うというように、条件が変えられていた。

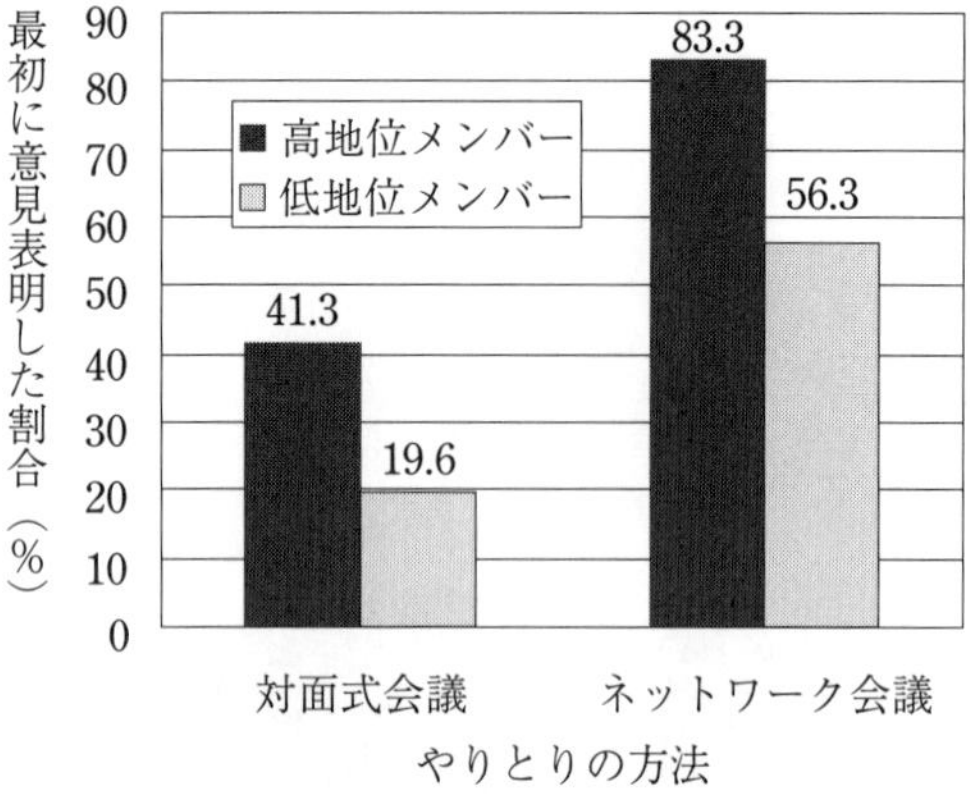

図2-1　社会的地位と主張の優先度

（Dubrovsky, Kiesler, & Sethna（1991）の Fig.3を元に作成）

対面式会議では、高地位メンバーに比較して低地位メンバーは、ある意見を率先して主張する程度が低いのに対して、ネットワーク会議ではその程度の差が小さくなる。

結果を見てみよう。対面式会議では、地位の低い人の方が知識を多く持つ領域の課題であっても、地位の高い人の方が討論の主導権を握るという従来の知見が支持された。図2-1を参照していただきたい。この図は、他のメンバーに先駆けて、ある意見を主張（どの選択肢が好ましいか主張）した人が誰かを示している。対面式会議では、最初に意見を表明したのは地位の高いメンバーが多く、全体の4割を占めているのに対して、低地位の人ではわずか2割と、半分である。これに対して、ネットワーク会議では、最初に意見表明をする低地位の人が増え、高地位の人との差が縮まっているのがわかる。もう一つ重要な結果は、対

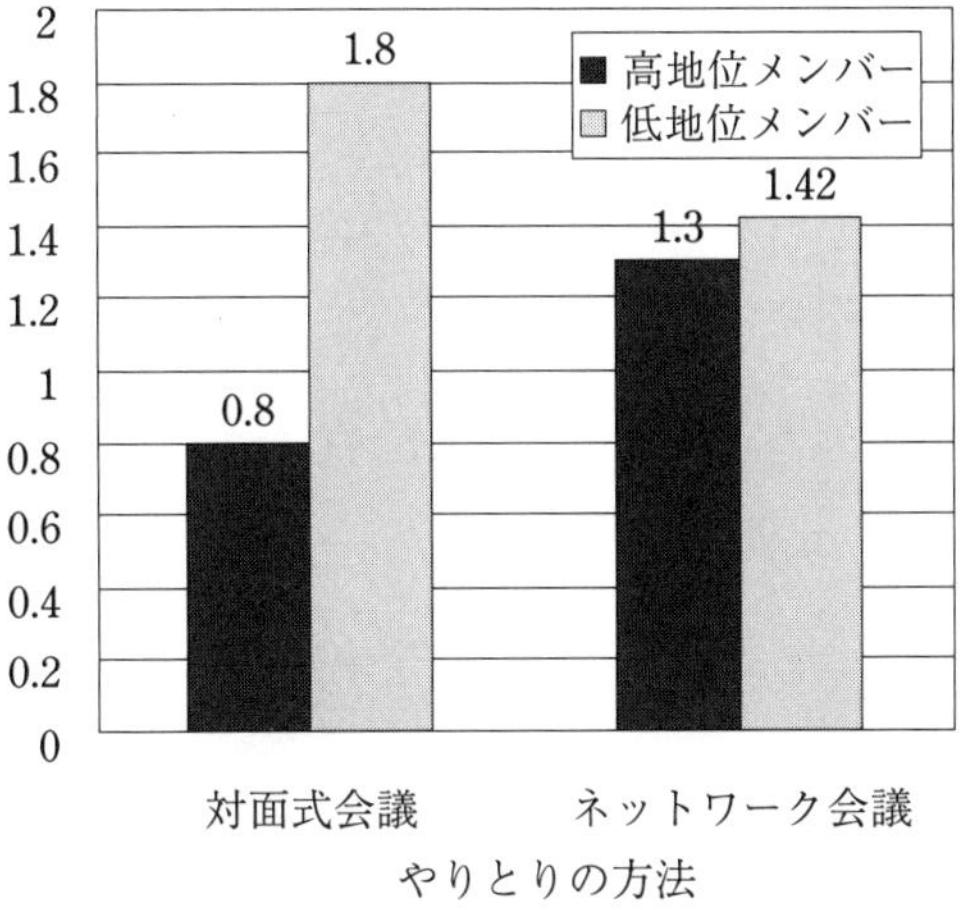

図2-2　最初に主張したメンバーと決定結果との関係

（Dubrovsky, Kiesler, & Sethna（1991）の Fig.3を元に作成）

数値は、話し合い前の個人の選好と、話し合い後のグループの決定内容との違いを示している。したがって、数値が小さいほどそのメンバーが決定結果に及ぼす影響が大きい。対面式会議では高地位メンバーは低地位メンバーより影響力が大きく、ネットワーク会議ではその高地位メンバーと低地位メンバーの影響力の差が非常に小さくなっているのがわかる。

面式では高地位メンバーが最初に意見を言うことが多いだけでなく、その意見が最終的なグループ全体の結論に近い（つまり、その意見が最終的な結論に大きく影響している）ことが示されたことである。図２‐２には、最初に主張した人の意見と、最終的なグループ全体としての意見の距離が示されている（縦軸を見て、差が小さいほど、最初に発言した人の意見と最終的な結論が近いことを表している）。ネットワーク会議では、対面式会議で生じていた高地位メンバーと低地位メンバーの距離が縮まり、それぞれの意見が同等に最終的な結論に反映される結果となっている。

電子ブレインストーミング

ブレインストーミングを通常の対面状況で行うと、（1）評価懸念、（2）発言量の同調、（3）ただ乗り、（4）発話のブロッキングという障害が発生してしまい、名義集団（比較対象となるグループと同数かつメンバー間の相互作用がない集団）のアイデア生成の量を下回ることを、第1章（16〜17ページ）で述べた。これに対して、電子ネットワーク上では、対面集団で生じる問題を克服できるのではないかと考えた研究者たちは、ネットワーク上での情報交換に見られる次のような特徴に注目した。その特徴とは、

（a）平行性
（b）情報の共有
（c）匿名性

である。それぞれの特徴は、話し合いに際して次のような利点があるとされる。まず、「平行性」は、他の人が話し終えるのを待つことなく、思いついたアイデアを書き込むことができるという利点である。また、「情報の共有」は、メンバーが書き込んだアイデアをネットワーク上に蓄積していくことができるため、他メンバーの意見を忘れないようにするという認知的努力が不要であり、かつ、いつでも参照することを可能にするという利点がある。この利点によって、アイデアの重複というロスも

なくなると考えられる。最後の「匿名性」による利点は、通常の対面状況で話し合う場合と異なり、どのメンバーがどの発言を行ったか知られずにすむというものである。これにより、評価懸念の低減が期待できるというわけである。

実験で使用された電子ブレインストーミング用のソフトのしくみは、おおむね次のようなシンプルなものである（ＥＢＳなど参照。Nunamaker et al., 1987）。一人ひとりのメンバーはネットワークにつながっている各自パソコンで自分のアイデアを個別に、思いついたときに書き込み、そのアイデアを〝送信〟する。各メンバーは、他メンバーから送られてくるアイデアを受け取ることができ、また、ストックされたアイデアは、キーを押せばいつでも参照できるようになっている。さて、こうした電子ブレインストーミング・システムを用いた実験結果は、研究者の期待に十分に応えるものだった。通常の対面方式でのディスカッションで行ったグループに比べて、電子ブレインストーミング・システムを用いたグループの方が、課題遂行において優れた成績を収めた。それだけでなく、電子ブレインストーミング・システムを用いたグループは、名義集団よりも優れた成績を収めるという快挙を成し遂げていたのである。

◆電子空間で必要とされる話し合いのルール

現実社会においても、コンピュータ・ネットワーク会議システムを使用する企業が増えつつある。「電子会議（Electronic Meeting）」の父と言われ、意志決定支援のコンピュータ利用に関する権威者であるアリゾナ大学のヌナメーカー教授は、企業での電子会議のさまざまな実践事例に基づいて、電子会議の利点をいくつか述べている（Weatherall & Nunamaker, 1999）。先に挙げた、匿名性、情報の共有の容易さに加えて、投票機能の利用による参加者の意見の把握と構造化が容易であることや、会議規模にかかわらず効果的な会議が可能であること、参加者同士の物理的距離の制約がないなどを挙げている。しかし、このようなコンピュータ・ネットワーク会議に問題がまったくないというわけではないし、会議で生じるすべての問題を、ネットワーク会議によって解消できるわけでもない。

匿名性の高いネットワーク会議に起こりうる問題の一つに、匿名性ゆえの無責任発言や、人を侮辱したり非難するような敵意に満ちたことばが増加するフレイミング（flaming 熱化現象）がある。今見てきたように、ネットワーク会議では、年齢・性別・社会的地位などの社会的な手がかりが伝わりにくいことから対話がオープンなものとなる一方で、評価されることへの懸念が希薄になるため、自分の言動に対する責任感や発言内容に対する抑制力が低下してしまうことがある。ネット上の掲示板などで必要以上に熱くなり、お互い罵詈雑言を浴びせあうような書き込みを行っている人たちや、あるいはそこまでいかなくとも、些細なことで感情的に反応している人の書き込みを見られた方もいるかもしれない。ネットワーク上での討論では、フレイミングがしばしば生じることが、繰り返し指摘されている（Kiesler et al., 1984, 1992）。企業内など、すでにある程度の人間関係が築かれている状況であればこのような事態にまで発展することはあまりないだろうが、こうしたネットワーク会議ゆえの問題を考慮していく必要がある。

また、会議運営のしかたも、通常の会議と同様に、ネットワーク会議においても重要であることに変わりがない。たとえば、電子ブレインストーミングであれば互いの意見を好きなときに〝発言〟することができたが、同期的な（リアルタイムの）電子会議で、あるテーマについて議論する場合には、通常の会議と同様に、ある程度発言の順序のコントロールが必要になる。ヌナメーカー教授らが推奨する電子会議形式に、対面式の電子会議（通常の会議と同様に参加者が集い、参加者には意見や投票を入力するための端末コンピュータが一人につき1台与えられている）があるが、この会議の成否の鍵を握るのは、議事運営を行う有能な進行役であると言われている。しかし、その進行役が則る会議のルール自体は、進行役が決めるものではないし、ネットワーク会議システムなどのソフトウェアが決めるのでもない。どのような形式の電子会議／ネットワーク会議であれ、誰が議長（議事進行役）になるか、発言権はどのようにコントロールするのか、話し合う時間配分はどうするか、最終的な結論を出す際にはどういう決定ルールを用いるかなど、通常の会議と同様の問題が存在するのである。

会議運営の達人——ファシリテーター

◆ファシリテーターとは

次に、話し合いのプロセスに介入するのが「人」——ファシリテーター——である場合を取り上げよう。まずファシリテーターとは何か、であるが、大雑把に言えば、中立的な立場でチームの話し合いのプロセスをデザイン・管理し、チームワークをうまく引き出しながら、そのチームの成果が最大となるよう支援する役割を担う人、ということになるだろう。特に本書では、日本ファシリテーション協会の定義にあるように、「会議を効果的に行うための働きかけをし、円滑に会議を運営し、議事進行プロセスを管理する人」という狭義の定義がふさわしいかもしれない（日本ファシリテーション協会のサイト参照）。こうした定義に従えば、意志決定を行うリーダーや進行役を果たす単なる司会者、また、通常会議メンバーの一人でありしばしば中立的な立場にあるとは言えない議長は、ファシリテーターと言えない。逆に、上で述べた条件を満たす人であれば、議長、コンサルタント、アドバイザーなどその肩書きはどのようなものであれ、ファシリテーターであると言えるだろう。

　ファシリテーターのいろいろな機能について、クロウソンらは次のような特徴を挙げている（**Clawson et al., 1993**）。

- 当事者性を強め、グループの責任感を促進する。
- グループを結果に集中させる。
- 積極的に、メンバーとの意志の疎通と関係作りを行う。
- 会議のプロセスを計画し、企画する。
- 建設的に、衝突や否定的な感情に対処する。
- オープンで肯定的かつ参加型の環境を作る。
- 的確な質問を生み出し、質問する。

・情報（意見）を聞き、明確にし、そして統合する。
・多角的な視点を持つことを推奨し、サポートする。
・会議の方向付けと運営（managing）を行う。

基本的に、ファシリテーターがファシリテーションを行う際には、会議で話し合う内容そのものについては話し合いを行うグループメンバーに任せつつ、結果や成果を出すに至るまでの過程（プロセス）の構造化や方向付けを行い、それをあくまでも中立的な立場から行うことが求められる。

また、こうしたファシリテーターは、ファシリテーションを行う場から分類することもできる。たとえば、ファシリテーターが活用される場として挙げられるものには、①企業や学校、コミュニティ、ＮＰＯなどの組織全般や、②企業変革や組織変革・行政変革などの場面。あるいは、③まちづくりなどの共同体、④学校や企業などの教育・研修の場がある。こうした場に対応して、①では、会議ファシリテーター、②は変革ファシリテーター、そして、③では協働ファシリテーター、④は教育ファシリテーターなどに分類される。その他、体験学習や自己表現・自己啓発に関わるファシリテーターなどその種類は多岐にわたり、活用される場の数と同じだけ種類があると言えるだろう（堀2004／日本ファシリテーション協会など参照）。ただし、ファシリテーションが利用される分野や領域が広がるとともに活動の場も変化し続けるため、こうしたファシリテーターの分類は暫定的なものにすぎない。

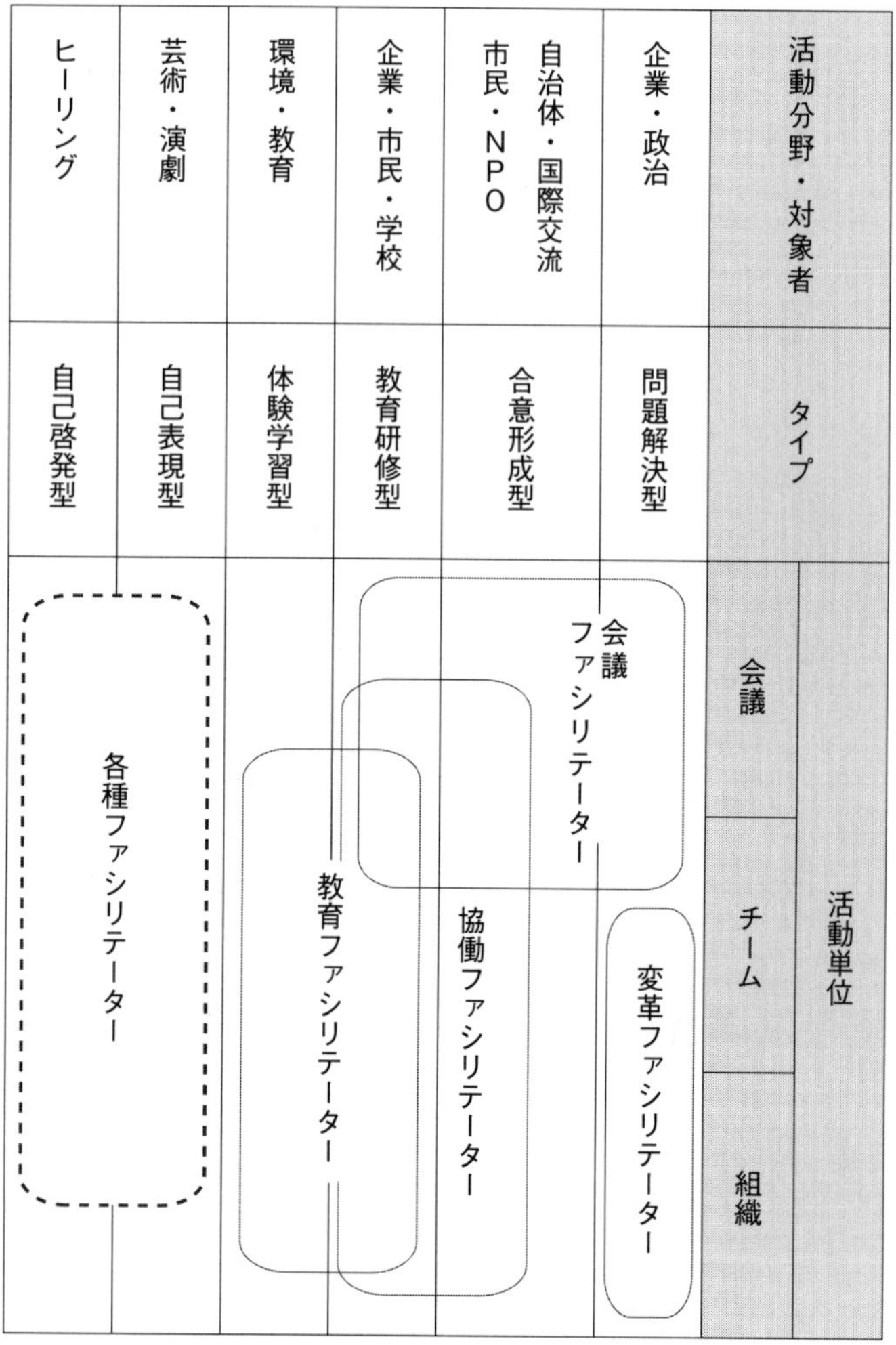

図2-3　ファシリテーションの種類と活動の場

（日本ファシリテーション協会ウエブサイトより）

◆会議への介入方法

ファシリテーターは、話し合いが行われるときのみに介入するのではなく、会議の目的やメンバー、内容の構成、問題解決や決定後のフォローをするところまで介入し補助することを期待されている（Ackerman, 1996; Schwarz, 1994）。ファシリテーターの介入方法が明確に定式化されているわけではないが、ファシリテーターがどのような形でメンバーの相互作用へ介入し、何に注意を払うのか、特に話し合いを始める前と話し合いの間に限定していくつか簡単に述べよう。

話し合いの場を作る準備

ファシリテーターの仕事は、まず話し合いを行う「場」の地ならしから始まる。たとえば、会議を行う目的や目標を具体的かつ明確に定めることはその一つである（もっとも、ファシリテーターは会議の決定事項に関して最終的な判断を下す立場にはないため、会議での結論や結果に対して最終的な決定権限を持つリーダーと事前によく話し合うことが必要だとされる）。会議の目的や目標を明確にしたら、次は段階ごとの課題や目標を決め、話し合いを進めていく順序や方法など話し合いのプロセスのデザインを行うこととなる。

こうした会議の目的や目標の明確化とプランニングに加えて、話し合いの「場」作りにおいて欠かせないのがグランドルール（基本原則）であり、場を構成するメンバーに関しての配慮である。

グランドルール（話し合いにおける基本原則）――グランドルールは、参加者が円滑に話し合うための基礎となる。具体的には、ブレインストーミングの四つのルール（13ページ参照）のようなものを想像すればいいだろう。たとえば「聖域を作らない」「相手を非難しない」「肩書きや立場を忘れる」「人の話をよく聴く」「思い込みを捨てる」「楽しく議論する」などのように、単純明快かつ具体的であることが推奨される。

わざわざこのようなルールを定め、メンバーで共有する目的は、次のようなところにある。会議に参加するメンバーがお互いほとんど面識のない場合、各メンバーの持つ価値基準がそれぞれ異なる可能性が高くなる。たとえば、反対意見を言わなければその人は同意したのだと思うメンバーと、暗に反対を表明していることを汲み取るべきだと思うメンバーとが、それぞれの価値基準に沿って話し合いをするとどうなるだろうか。話し合いを進めていくうちに、気持ちのすれ違いなど、後々問題が生じることが考えられるだろう。あるいは、面識があり、すでに何度も一緒に仕事をやったことのあるメンバーだとしても、地位や年齢、性別等によって、それぞれのメンバーが持つ価値基準や行動規範が異なることはよくあることである。そうしたズレを解消し、気持ちよく話し合うための場を用意する意味で、グランドルール作りが必要とされるのである。

会議の参加メンバー――ファシリテーターは、メンバーシップ（メンバーの地位や権限、利害関係、性格、グループメンバーの役割等々）やメンバーの数、つまり、グループサイズにも注意を払う必要がある（Ackerman, 1996）。たとえば、グループサイズについては十分に話す時間が持てる6～8名が望ましいとの報告があり（Belbin, 2003）、また、実効性を上げるためには、当然その決定を実行することについての決定権を持つ人が含まれていることが望ましいだろう。さらに、取り組む課題によって適切な参加人数が異なるため（Kameda et al., 1992 他）、人数を決める際には会議で何を行うかということにも注意を払う必要がある。一般に人数が多いほどいろいろな意見が聞けると思いがちだが、社会心理学等の集団意志決定研究で明らかにされているように、多人数になるほど、逆に各メンバーの発言時間が少なくなるなど、さまざまな問題が生じるという弊害がある（Stasser & Titus, 1985; Strobe & Diehl, 1994）。ファシリテーターは直接的な決定権を持たないとしても、目的や課題に合わせたメンバーと集団サイズについて考慮すべきであり、逆に、メンバーと集団サイズを考慮して話し合いのデザインを考える必要があるだろう。

場の雰囲気の維持と議論の構造化

いよいよ会議が始まり、皆で話し合いを行うなかでファシリテーターが求められるのは、まず何よりも各メンバーが気持ちよく発言できる場をつくり、それを維持していくことである。もちろん、ファシリテーター自身が人の意見を批判するような反論や議論を行うことは論外である。議論の最中に誰かの発言に対して批判めいたコメントをしたり、相手の面目を潰すような口調で反論するメンバーがいた場合には、そうした発言をファシリテーターが受け止めてからやんわりと返す。同様に、発言者に対する個人攻撃から守ったり、誰に対しても必ず肯定的な対応をすることも、ファシリテーターに必要な技術である。また、同じ人ばかり話していると、他のメンバーが自分は発言しなくてもよいと思ってしまったり、話したくとも話す機会がなかなか得られないという状況が生じやすくなる。このような場合であれば、発言権を上手に他のメンバーに回すというように、発言の機会を均等化するなどの配慮が必要となる。先にファシリテーターが果たす機能の特徴として挙げた「オープンで肯定的かつ参加型の環境を作る」「建設的に、衝突や否定的な感情に対処する」「建設的に、衝突や否定的な感情に対処する」は、今述べてきたファシリテーターに必要なスキルを表しているとも言えるだろう。

話しやすい雰囲気を作り出すことに成功し、メンバーが次々に発言したとしても、それだけで話し合いが完結することはまずない。ファシリテーターは場の雰囲気づくりとその維持に加えて、グループメンバーの議論を議論として成立させ、最終的に導き出すべき結論や目標にたどり着かせるという役割も果たさなければならない。会議でどうも議論がかみ合っていないと感じた経験を持つ人は多いはずである。また、どうにもいいアイデアや打開策が生まれないというような議論の行き詰まりも、会議に付きものの悩みの一つだろう。こうした状況をうまく操縦し切り抜けることこそが、ファシリテーターに求められるのである。

どのような対応が必要とされるのか、その例をいくつか挙げてみよう。たとえば、話し合いのなかで漠然とした意味で使われていることばがあれば、その定義を明確にする。暗黙のうちに前提となっている価値観や事柄を明示化する。議論している問題やテーマをはっきりさせる。根拠があるか、因果関係として妥当か、論理が飛躍していないか等、話の展開が論理的なものとなっているかどうかをチェックし、必要があれば相手に質問しながら議論を改善していく。あいまいな発言をする人に対しては、何を・誰が・いつ・どこで等の情報を明確にするように求める。あるいは、ファシリテーターが具体的なことばで要約してみる、等々。

さらにこのような言語的スキルに加えて、問題を理解しやすくしたり、気付かなかった問題や新たな問題点をあぶり出すためにロジックツリーやベン図、フローチャートやマトリックスなど用いることも推奨されている（堀 2004／日本ファシリテーション協会など参照）。このように、議論の内容を構造化する技術をいくつも持ち、それを柔軟に使いこなせるかどうかは、ファシリテーターの技量を測る一つの物差しとなるだろう。

◆ファシリテーターの技術と結果への影響

以上、簡単にではあるが、ファシリテーターが会議に介入する方法を概観してきた。ファシリテーターが果たす役割や効用は、話し合いのプロセスとその成果のみに限定されているわけではないが（Schwarz, 1994）、ここでは、ファシリテーターという会議運営への介入方法に見られる問題について述べたい。一つの問題は、誰がファシリテーター役を果たすかということに関してであり、もう一つはファシリテーターの話し合いへの介入方法、およびその技術の妥当性や有効性についてである。

一つ目のファシリテーター役は誰がなるかという問題は、ファシリテーターの導入を決めると同時に発生する。これまで述べてきたように、ファシリテーターの要件は、まず中立的な立場に立てるということであった。また、ファシリテーターの中立性と、多様な考え方や価値観を持つメンバーが自由に意見交換可能な場を作ることとが大いに関係していることも、先に述べたとおりである。たとえば、あるメンバーが他のメンバーとはまったく違う意見や少々突拍子もない考えを持っていたとしても、ファシリテーターはそれを尊重し、他のメンバーの意見と同程度の重みを持つように配慮することが求められる。しかし、そのときファシリテーターがどちらか一方の意見に同意する立場であるとしたらどうだろうか。彼らが意識的にせよ無意識的にせよ、自分の支持する言動や議論の方向付けに加担してしまう可能性がないとは言えない。特に、会議において強い決定権限を持つメンバーがファシリテーターとなる場合は、そうした傾向が懸念されるのである（Griffith et al., 1998）。

このような問題に対処するために外部からファシリテーターを調達して、第三者的な立場でのファシリテーションを行ってもらうというのは、一つの解決方法である。しかしながら、この解決策がいつも有効であるとは限らない。会議の場を作り、話し合いのプロセスをうまく切り盛りすることが求められるファシリテーターだが、それに加えて、テーマに関わる状況や情勢を含め、議論の内容を的確に把握するだけの知識を持つことも同時に要求されることが多い。つまり、会議で扱われる案件について最も詳しいのは、まさに当事者であり、そこから遠くなるほど中立性が高まるのに反して、話し合いの前提となるさまざまな知識の量は少なくなるというジレンマがある。また、さまざまな理由によって必ずしも常に外からファシリテーターを調達できるとは限らないし、重要な会議であるからという理由で第三者を入れられない（入れたくない）というメンバーの思惑が働く可能性もあるだろう。

二つ目の問題は、介入するファシリテーター個人の資質や技術、経験が、話し合いの質や成果に影

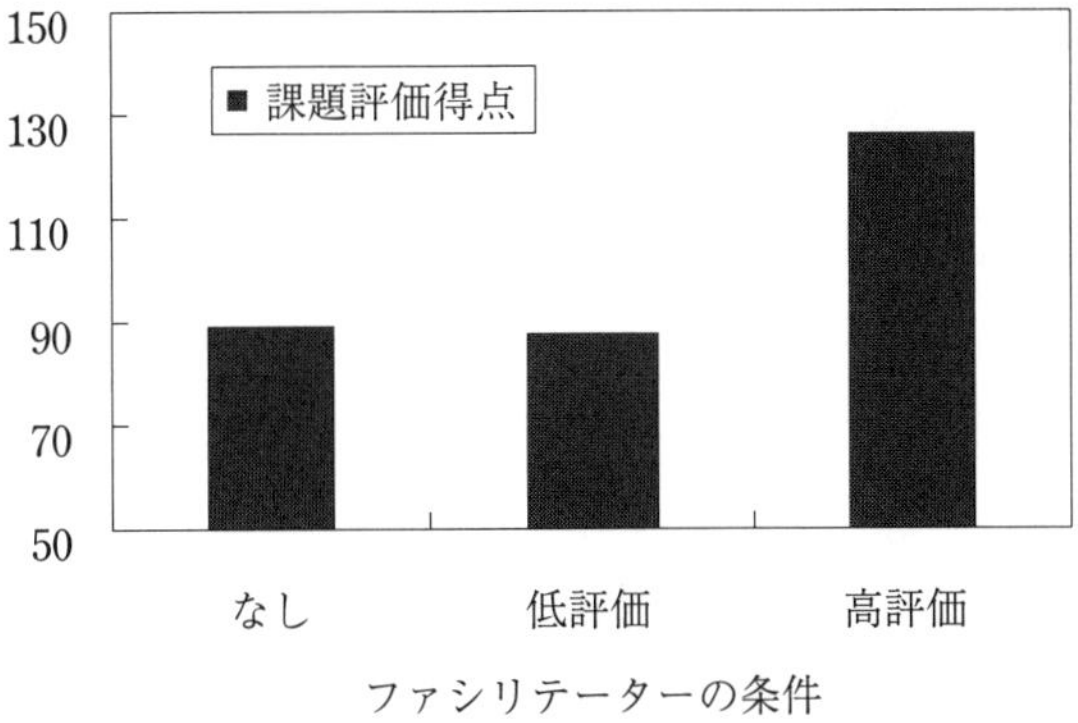

図2-4　ファシリテーターの有無、および、ファシリテーション・スキルの高低と、グループの課題遂行レベルとの関係

（Anson, Bostrom, & Wynne, 1995 をもとに作成）

高い評価を受けているファシリテーターとともに課題を遂行したグループは高い評価得点をマークしているが、低い評価を受けているファシリテーターとともに課題遂行したグループは、ファシリテーターなしで課題遂行したグループと課題評価得点に差が見られない。

響を与えうるというものである。ファシリテーター個人の属性という観点から見れば、この問題は今述べたファシリテーターの中立性の問題から独立するものではない。ファシリテーターは、グループのニーズを把握しながら、必要かつ適当だと思われるしかたで柔軟に話し合いのプロセスに介入することによって、グループの話し合いの質を高めることが期待されている。しかし、そうした介入方法などの技術のレベルが個人によって異なるため、ファシリテーターがいない場合に比べて、ファシリテーターが話し合い（およびその結果）の質を高めたかどうかの保証が必ずしもない。実際、ファシリテーション・スキルの高低によって、グループの話し合いによって遂行された課題の成果が異なることが、アンソンらによって報告されている（Anson et al., 1995）。図２‐４を見ていただくとわかるが、ファシリテーション・スキルに関して高い評価を受けているファシリテーターが介入したグループは、評価の低いファシリテーターが介入したグループに比べ、課題遂行において優れた成果をあげるという結果が示されている。

二つ目の問題に関連して、さらにもう一つ問題がある。たとえば、ファシリテーターの戦略的なコミュニケーション形態と、グループの話し合いの質や課題遂行の程度との関係が明確ではない部分が多くあるように、ファシリテーターの拠りどころとなるさまざまなファシリテーションの技術について、その効果や影響が体系だって十分検証されてきていないという点である（Hirokawa & Gouran, 1989）。つまり、ファシリテーターは、その介入のしかたが個々人の知識や経験、即興的な機知に依存することに加えて、十分な検証がなされていない話し合いの手順（グループが決定や結論を導き出すまでの道筋）に多かれ少なかれ依拠することになる。後半の章でもう少し詳細に取り上げるが、集団での話し合いを経て結論を出す際、一見妥当だと思われるような決定手順によって思わぬ結論が導き出されるという結果が、多くの集団意志決定研究によって示されている。ファシリテーターは、自分の属性（どのような立場にあるか、ファシリテーションの技術はどの程度のレベルにあるのか等）についてだけでなく、自らが準拠する手法や話し合いの手順がグループの結果や成果にどう影響しているかについて、常に注意を払う必要があると言えるのである。

近年、コンピュータを介したネットワーク会議が普及するにつれて、ネットワークを介した会議システムとファシリテーターを併用する試みが多くなされるようになり、そうした会議においてもファシリテーターが重要な役割を果たすことが広く認識されるようになってきた（Nunamaker et al., 1999 など参照）。それに合わせて、ファシリテーターの話し合いへの影響力に焦点を当てた研究も増えつつある（Anson et al., 1995; Clawson et al., 1993; Griffith et al., 1998）。ファシリテーターの介入方法は柔軟性の高さが長所である反面、非常に捉えにくく実証的な研究の蓄積に乏しいという状況にあった。しかし、今後さらにファシリテーターの準拠する手法の影響力が多角的に検証され、徐々にその妥当性や有効性が明らかになることが期待される。

ところで、たとえば不正な決定が下されることを抑制するかどうかという点については、ファシリテーターが直接そうした役割を積極的に果たすことは想定されていない。しかし、ファシリテーターの「話し合いの場をオープンなものにする」ことを強く肯定する基本的な価値観が広くメンバーによって共有されることは、風通しのよい組織を作ることに少なからず貢献するのではないだろうか。また、こうした下からの意識改革に加えて、組織上層部がファシリテーターを積極的に導入し活用しようとする姿勢を示すならば、ファシリテーションの土台となる価値観を支持するものとして受け止められ、各メンバーの価値観の実践を強く後押しするはずである。

会議の規則――ロバート議事規則

◆ロバート議事規則とは

ロバート議事規則（Robert's Rules）については、学校の授業などで学ばれた読者もいるだろう。ロバート議事規則は、話し合いにルールを介入させることで、会議で生じがちな混乱をできるだけ回避しようという目的から成立してきたものである。ロバート議事規則はアメリカで発展し成立したものだが、英国の議事法を起源としている。ここでは、主に「ロバート議事規則」（Robert Ⅲ et al., 1981）や「ROBERT'S RULES OF ORDER NEWLY REVISED 10th EDITION」（Robert Ⅲ, 2000）を参考にしながら、まずロバート議事規則が成立するに至った背景について紹介したい。

議会における議事規則の成立過程

ロバート議事規則は、議事法（Parliamentary Law）を、立法機関ではないより広く一般的な会議体にも適用できるようにしたものだと言えるだろう。「議事法」自体は、もともと英国議会で議事を進めるための規則や慣習法（common law）につけられた名称であり、その多くは16世紀後半から17世紀にかけて発達してきたものである。またその頃は、国王の特権に対抗する議会の特権をめぐる内紛の時代だったことから、とりわけ英国議会の下院における手続きに対して興味が注がれたのだった。

こうした時期に下院の議事日誌が下院の書記自身の手で発行されるようになり、しだいに議事手続きに関する先例集として確立していくことになる。

他方、下院の議事日誌が発達してくるのとほぼ同時期に、議事手続きの先例や慣行に関する概説書が何冊か出るようになる。たとえば、１５８３年に下院手続きに関する最初の書物であるトーマス・スマイス卿（Sir Thomas Smyth）の『英共和国について――英国における統治方法または政策』が発行されている。また、１６８９年にG・ペティート（George Petyt）によって著された『議事法』では、議事手続きに関する35もの書物の名が挙げられており、当時数多くの本が出版されていたことを伺い知ることができる。それだけでなく、この著作にある下院の議事日誌の引用部分からは、次に示す例に見るように、今ある諸規則が漸進的に発展してきたこともわかる。

・「対立する見解に交互に発言権を認めること」（1592）

議長は、発言を求める者に対して、賛否いずれの立場であるかを尋ねなければならない……。次に、その発言者と反対の立場の者に発言を認めることが規則とされた。

・「議長は常に反対投票を求めなければならない」（1604）

議案については、賛成票と同じく、反対票もとられなければならない。

・「審議を検討中の議題の内容に限ること」（1610）

発言者の演説が議案に関係せず、他の議員が非難の声を発する場合には、議長は発言を封じることが規則である。

アメリカにおける議事手続きの成立経緯

英国下院の議事手続きが発達しつつあった時期は、１６０７年のヴァージニアに始まる西半球の英国植民地が建設された時期でもあった。この時期、アメリカにおける最初の代表者集会（下院としての自治体会議と、上院としての総督審議会から構成）がヴァージニアの植民地に設立されたのを皮切りに、各植民地に同種の集会が設置されていった。英国からの移民は、こうした会合のみならず、地区・町・教区のさまざまな会合に、英国議会の議事規則や慣習を取り入れたのである。こうして、各植民地内では、それぞれの植民地設立認可の基本文書と両立可能なものを適用可能な議事規則として利用し、各州独自の議事法を発展させることとなった。このように成文化された基本文書の特別規則の下で一般議事規則を活用することは、アメリカに固有の議事法を発達させる基礎ともなっている。また同時に、各植民地の代表者たちが共通の利益を求めて会合した際には、英国議会の手続きから発展してきた議事規則が共通のルールとして適用され、効果的に利用されたのである。

ジェファソンの便覧

しかし、合衆国の議会はさらに詳細な法典化を必要としていた。その必要性を見て取ったのは、当時上院議員であり、また合衆国副大統領でもあったトーマス・ジェファソン（Thomas Jefferson; 1797～1801）であった。彼は、英国議会の手続き規則を参考にしながら『議事手続き便覧』の編集に着手し、１８０１年にこれを公刊したのだった。なお、この便覧が主として依拠しているのは、１

７６８年から１８２９年までの期間英国下院の書記を務めたジョン・ハットセル（John Hatsell）の著書『英国下院先例手続き』（１７８１年に初版）だとされる。このジェファソンの便覧は合衆国の立法過程に基本原則と統一性を与えた最初のものであり、上院、各州の立法議会、その他団体がこれを採択した。しかし、下院でもジェファソン便覧が採択されたものの、下院と上院の違いのためジェファソン便覧とは異なる多くの規則や慣行を発展させることになった。

クッシングの便覧

ジェファソンが便覧を著した後20～30年の間に、政治・文化・科学・慈善・宗教など多様な団体が設立され、今度はこれら立法機関以外の組織に見合った規則が求められるようになる。こうした組織で行われる審議のための会議は、会期や頻度・動機づけ（報酬の有無）・議事の種類や量の違いなど、立法機関（連邦会議や州議会）とさまざまな条件が異なるため、これにふさわしい同様の規則が必要とされたのである。この要求に応えようとした最初の人物が、マサチューセッツ州下院の書記であり、著名な法律家でもあったルサー・S・クッシング（Luther S. Cushing; 1803～1856）であった。彼は、立法機関のみに適用される諸規則を除き、立法的な性格を持たない会議体に向けたものとして、「議事規則便覧・審議のための会議における審議手続き規則」をまとめ、１８４５年に出版する。この便覧は多くの読者に歓迎されたが、さまざまな会議体の必要に応えるには未だ不十分なものだったため、議事手続きの慣行による混乱はその後も続くこととなった。

ロバート議事規則の起源

合衆国陸軍の技術系士官であったヘンリー・マーティン・ロバート（Henry Martyn Robert; 1837～1923）が、議事法に興味を持ち始めたのは、１８６３年に予告もなくある会合の議長をするよう要請されたことがきっかけだったという。１８６７年、少佐への昇任に伴いサンフランシスコに赴任した彼は、どの赴任先でもそうであったように、教会組織や、市民・教育活動に熱心に取り組み始める。その頃のサンフランシスコは変動期にあり、各州からの移住者が多くいた。彼は、さまざまな団体で各州から来た人たちと仕事をするうちに、各自の出身州によって用いる議事法が異なるため衝突が頻発することに気付くようになる。そこで彼は、議事法の内容に関する考え方が一致しない限りこうした団体は効率よく機能しないだろうと思い、自分の所属する諸団体に合った議事規則集を作ることを決心したのだった。彼が作り上げた規則集は、多くの団体が受け入れたものの、結局「いくつかの団体がそれぞれ固有の議事法を持つ」程度のことでは問題は解決しないだろうというのが、ロバートの達した結論だった。

１８７１年頃オレゴン州に転任して再びさまざまな団体と接触するにつれ、彼の中ではサンフランシスコで固まり始めていた考えがより一層はっきりしたものとなる。それは、（１）個々の団体が独自に自組織に適した議事規則を備えることは困難である。（２）たとえそれが可能でも、それでは事態がより複雑になるだけである。人々が別の団体に入ったり新しい土地に移っても、異なった議事規則に出くわさないですむようにすべきである。（３）目的の違う団体でも、議事法の観点からすれば、ほぼ同一の議事規則を適用しうる状態にある。（４）これまでのものは合衆国連邦議会下院の実践に依拠する傾向にあり、ここ十数年の間、一般的にはこの下院の実践方法が一つの確立した定式になりつつある。というものであった。１８７４年の1月にようやく筆を執ることができた彼は、軍務をこなしながらも１８７５年末までに『審議のための会議用ポケット議事便覧』を書き終え、１８７６年2月にシカゴの出版社（S・C・グリッグス社）から発行するところまでこぎつけた。出版社によって書物のカバーに『ロバート議事規則』という表題を付けられたこの本は、ロバート本人や出版社の予測を裏切る形で熱狂的な好評を博することとなり、何回かの改訂を重ねながら今日なお用いられる議事規則となった。

◆議案の構成と種類

次に、以上のような経緯で成立してきたロバート議事規則は具体的にどのような構成になっており、どう用いられるのかについて概観しよう。

表2‐1を参照していただきたい。まず、ロバート議事規則が「主議案」と「二次的議案」から構成されており、「二次的議案」は、議事手続きの使用目的から「補足議案」「優先議案」「付随議案」の三つに分類されていることがわかるだろう。次に確認すべきことは、二次的議案の「補足議案」「優先議案」「付随議案」のそれぞれに、さらに具体的な議案が含まれることである（より詳細な内容については、表2‐1や表2‐2を参照）。会議に参加する場合、議長を含む各メンバーは、自分の発言がこうした議案の何に関係するものなのか念頭に置きながら議論に参加することが求められる。

表2-1　ロバート議事規則に見られる議案の種類（一部省略）

- ■主議案（main motions）
- ■二次的議案（secondary motions）
  - ［補足議案］（subsidiary motions）
    - ・審議の無期延期（postpone indefinitely）
    - ・修正（amend）
    - ・委員会付託（commit or refer）
    - ・審議の暫時延期（postpone to a certain time）
    - ・審議の短縮または延長（limit or extend limits of debate）
    - ・審議終了（previous question）
  - ［優先議案］（privileged motions）
    - ・予定通りの議事進行要求（call for the orders of the day）
    - ・優先事項の申し立て（raise a question of privilege）
    - ・休憩（recess）
    - ・閉会（adjourn）
  - ［付随議案］（incidental motions）
    - ・議事進行に関する疑義（point of order）
    - ・（議長裁定に対する）異議（appeal）
    - ・情報の要請（point of information）
    - ・再表決（division of the assembly）
    - ・議題の分割（division of a question）
    - ・議題の審議反対（objection to the consideration of a question）
    - ・特別要請（requests and inquiries）
      - 情報の要請（point of information）
      - 議案撤回または変更の要請（request for permission [or leave] to withdraw or modify a motion）
- ■議題を会議に再導入する議案（motions that bring a question again before the assembly）

つまり、会議に混乱が生じるのを避けられるかどうかは、各メンバーがこうした議案のルールに則るかどうかに依存しているということである。

今度は、各議案がどういう目的で使用されるものなのか、それを使用する際の留意点は何かについて順に見ていこう。なお、紙幅の都合からすべての議案をここで見ていくことはできないので、比較的使用頻度の高いものだとされる議案（Zimmerman, 2002）を取り上げることとしたい。

主議案

審議はまず議案が提出されるところから始まる。このように、特定の意見を表明する、特定の決定をするといった提案をするとき、それは「主議案」だと見なされる。しかしどのような状況でもそうした提案ができるというわけではない。まず、「私は～を提案します」と、議長に発言を求めるのだが、このとき会議に参加している他のメンバーからの〝セカンド〟（支持）が必要である。この〝セカンド〟とは、提案者以外のメンバーが、会議に提出された議案を検討すること（会議で検討する議案として取り上げること）を希望する場合に述べることばで、これがなければ提案者の提出した議案は会議で取り上げられない。また、通常、ある一つの主議案が提案されそれが討議されている間は、新たに主議案を提案することはできないことになっている（これを、一時に一つの議題の基本原則という）。

このように、主議案を提案する際に留意すべき点には以下のようなものがある。

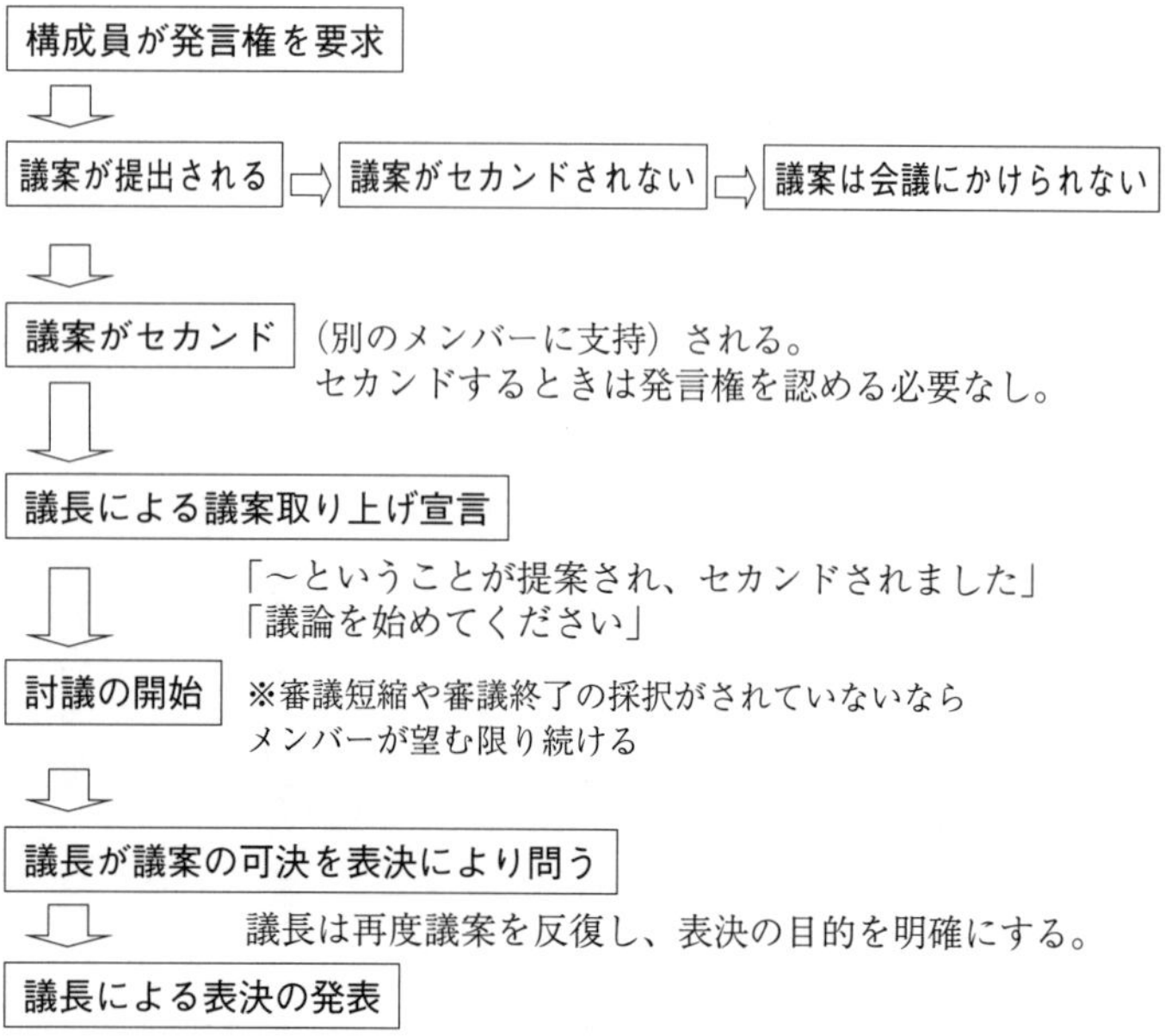
構成員が発言権を要求
議案が提出される
議案がセカンドされない
議案は会議にかけられない
議案がセカンド
(別のメンバーに支持) される。
セカンドするときは発言権を認める必要なし。
議長による議案取り上げ宣言
「〜ということが提案され、セカンドされました」
「議論を始めてください」
討議の開始
※審議短縮や審議終了の採択がされていないなら
メンバーが望む限り続ける
議長が議案の可決を表決により問う
議長は再度議案を反復し、表決の目的を明確にする。
議長による表決の発表

図2-5　ロバート議事規則を用いての決定にいたるまでの手順

・発言を許可されているメンバーを遮ることはできない。
・議案が委員会からのものでない限り、セカンドが必要。
・過半数の表決が必要である。
・メンバーは自分自身の議案を、議長による取り上げ宣言前なら変更可能である。また、メンバーは、議案が議長によって取り上げ宣言がなされた後、修正案を提案できる。
・メンバーは議長によって取り上げ宣言がなされるときまでは、自分の議案を撤回でき、それから後は団体の許可を得なければならない。
・議長による取り上げ宣言の後、議案の提出者は最初に発言する権利を持つ。

なお、主議案が提出されたとき、議長が議事規則に反するものとして除外すべきものがある。たとえば、法律や規約と矛盾するもの。同じ日に同じ議題を繰り返すもの、すでに採択された議案と矛盾するもの、明らかに時間稼ぎを狙っているもの、不正確・不真面目・非礼なもの、などがそれに該当する。

二次的議案

二次的議案は、主議案が審議中であり、かつ、主議案が可決される前に提出することができるものである。つまり、主議案を同時に二つ提案することは規則に反しているが、この二次的議案は主議案が審議中に提出することができ、認められれば主議案の審議に先立って検討され、実行に移すことが可能なのである。このように、ある議案が他の議案に優先するということがロバート議事規則では細かく規定されている（二次的議案の間にも序列があり、ある二次的議案は別の二次的議案に優先したり譲歩することになる）。序列の中でより優先順序が高い議案は、優先順序の低い議案が討議中や検討中であっても提出することが許されているのである。

補足議案——補足議案は、討議中の議案に直接関連するものであり、たとえば討議中の議案の表現を改めたり、議案を延期したりするときに提案されるものである。また、補足議案はそれぞれの間に序列があり、ある議案は他の議案に優先して議論され決定されるよう順序付けられている。よく用いられる補足議案を、その目的・提出方法と併せて表にしたものが表2-2である。

優先議案――優先議案は、審議されている議案と関連するものではなく、休憩や閉会といった緊急の性質を持つ議案である（表2-2参照）。この議案は何にもまして重要であるとされ、審議を中断する効力を持つ（ただし、セカンドが必要である）。優先事項の内容は、（1）会議に関する一般的な優先事項と、（2）個人的な優先事項とに分けられる。優先議案は、他のメンバーのセカンドを得て「優先事項の申し立て」がなされた場合、提出されている優先事項が現在の審議を中断するほど重要かどうかの判断を議長が行うことになる。これに対して「休憩」や「閉会」の場合には、メンバーの過半数によって決められるとされる。優先議案とは言え、他のメンバーの発言中に議案を提出することは認められていないなど、提案とそれが可決されるためにはいくつかの条件を満たすことが求められる。

付随議案――付随議案は議事手続きに関連するものである。たとえば、適正な手続きが確実にとられるようにする、手続き上の間違いを正す、表決が正しいものであるかどうかを確かめる、などがこれに該当する。この議案が提案された場合には、現在検討されている議事を再開する前にそれらについて審議・決定がなされない限り、議事を進めることはできない。「議事進行に関する疑義」は議事規則が守られていない場合に使用する議案であり、この議案が提出されることによって、一般のメンバーのみならず議長に対しても議事規則の遵守が求められることになる。「異議」は、二人以上のメンバーが、議長の裁定を正しくない、もしくは正当ではないという反論を許す議案である。この議案がセカンドされれば、議長は裁定の適否について投票を求めなければならない。他に、「議事手続きに関する要請」は、メンバーが議事進行手続きについて判断できない場合などに、その支援を求めることができる便利な議案である。

議題を会議に再導入する議案（復活議案）

すでに決定した事柄を変更することができるというのが復活議案である。ロバート議事規則では、いったんある議題が決定すれば、それを同一の会議で再び取り上げることはできないとされているため、この規則に矛盾する復活議案は、他の議案とは異質なカテゴリーに属するものだとされている。「廃止」は、すでに採択されているあらゆる議案の取消・破棄に用いる議案である。これにはセカンドが必要であり、事前通知があった場合は過半数、ない場合には3分の2の表決が必要となる。ただし、決まったことに関してすでに何らかの行動がとられているときは、廃止は議事規則に反すると見なされる。「再審議」は、先に議案の表決で過半数（多数派）の側となっていたメンバーは、制限期間内であれば、再度審議するために決定済みのその議案を再び取り上げるよう要求することができるというものである。表決の再審議の目的は、性急・無分別・誤判断などによる決定の矯正や、表決の後に得た情報、もしくはその後に生じた状況の変化を考慮することにある。

表2-2　主議案、補足議案、優先議案、および、付随議案が提出される目的とその方法

議案の種類	議案名および目的	提出方法	表決方法
■ 主議案（main motions）			
	・主議案（審議案の提出）	…「私は～と提案します」	過半数
■ 二次的議案（secondary motions）			
[補足議案]（subsidiary motions）			
	・審議暫時延期（委員会送り）	…「私は議案を～まで延期する事を提案します」	過半数
	・修正（議案の提出）	…「私は～することによって修正を提案します」（追加・削除・取り替え）	過半数
	・委員会付託（議案の文言の変更）	…「私は～議案を委員会付託することを提案します」	過半数
	・審議短縮（議決の延期）	…「私は各構成員に対して～発言につき～分間を提案します」	2/3
	・審議終了（審議短縮）	…「私は審議終了を提案します」	2/3
[優先議案]（privileged motions）			
	・優先事項の申し立て（騒音・室温など事態の改善の要求）	…「後ろの席まで聞こえません」「発言者は私の意見を誤って理解しています」	議長裁決
	・休憩（休息）	…「私は～分間、休憩にすることを提案します。」	過半数
	・閉会（会合の終了）	…「私は閉会を提案します」	過半数
[付随議案]（incidental motions）			
	・議事進行に関する疑義（議事規則の遵守）	…「私は議事進行に関する疑義を申し立てます」	通常議長による裁定
	・議長裁定に対する異議	…「私は議長の裁定に異議を申し立てます」	過半数
	・情報の要請（情報の請求）	…「私は情報の要請を行います」「発言中のメンバーに対する質問を認めて頂けますか」	議長／担当者

・議事手続きに関する要請 （議事手続き理解）	…「私は議事手続きに関する要請を行います」	議長／担当者
・再表決（表決結果の確認の要請）	…「私は再表決を要求します」	過半数
・議題の分割 （複数部分から成る一つの議案の分割）	…「私は議案の分割を提案します」	過半数
・議題の審議反対 （会議で討議に不適切な議案の審議回避）	…「私は、この議題の審議に反対します」	2/3
・議案撤回の許可 （提案者本人が提案した議案の取り下げ）	…「私は議案を撤回します」	過半数
■議題を会議に再導入する議案（motions that bring a question again before the assembly）		
・廃止 （すでに決定採択されている議案の取り消し、あるいは破棄）	…「私は～の決議の廃止を提案します」	事前通達ありの場合は過半数。事前通達なしは2/3
・再審議*1 *2 *3 （すでに表決に付された議案を再び取り上げる）	…「私は～の表決に対して再審議することを提案します。」	過半数

*1 米国に起源をもつ
*2 有用性・濫用防止のため、この議案は表決の多数派となった構成員のみが提出することができる。
*3 1日限りの会期であれば表決当日に、2日以上の会期であれば表決当日もしくは次の日に提出しなければならない。

◆議事規則の現状と課題

ロバート議事規則は、話し合いを円滑に進めるために使われるべきだとされる。また、正しい議事手続きを守り実践することによって、言い争いを最小限度に抑え、公平に討議することや、メンバーの権利を保障しつつ組織として決定もしくは合意に到達することを可能にするとも言われている（Zimmerman, 2002）。ロバート議事規則を話し合いに用いることのメリットは少なからずある、ということは、多くの人が認めるところだろう。議事規則に期待されている機能には、たとえばルールの発動によってリーダーシップを促進する、正しい判断を促す、グループの意志を反映あるいは強化する、選択肢の土台を決定する、戦略を引き出す、対立を解消する、などが挙げられている（Weitzel & Geist, 1998）。しかし、こうした機能が期待されるにもかかわらず、長い年月をかけ何度も改訂されながら発展してきたこのルールは、高度に複雑化してきているという理由だけで敬遠されるかもしれない。またそもそも、この議事規則が言われているような効果を話し合いにもたらすのかどうか、というところがあいまいだという指摘もある。

コミュニティにおけるロバート議事規則の実践状況

今述べたように、さまざまな効果を期待されている議事規則が、現実場面でのグループによる話し合いにどのように寄与しているかは、ほとんど明らかにされていないとウェイツェルとガイストは述べている（Weitzel & Geist, 1998）。彼らは、こうした議事規則が実際の話し合いの場面でどのように用いられているのか、それがグループでの意志決定を促進もしくは抑制するのかなど、コミュニケーションのプロセスに焦点を当てることが重要であるとして、ロバート議事規則を用いる15の市民グループの会議を観察し、加えて70名以上の人々に対してインタビューを行った。彼らが調査を始めてまず明らかになったことは、アメリカの7番目に大きな都市であるサンディエゴであるにもかかわらず、企業のメンバーや他の多くのコミュニティ・グループのメンバーが議事規則をほとんど理解していないか、場合によっては議事規則ということばすら知らないという状況にあるということだった。つまり、思うほどには社会では一般的に認知されておらず、使用されるに至っていないということが判明したのである。

こうした状況を踏まえながら、その後、彼らが議事規則を用いるよう要求されているコミュニティ・グループの会議を観察するなかでさらに明らかになったのは、次のようなことだった。

（1）会議に参加しているメンバーは、それぞれの議案に即した技術的に正しい手続きを用いるほどの技量がない。

（2）議事規則を用いるよう指定されているものの、全般的に議事規則は非常にゆるく適用されている。

（3）議事規則に関して技術的に熟練していないことが、必ずしも効果的なグループのコミュニケーションを抑制するものではない。議事規則は見たところ各メンバーの関心を保護しながら秩序だった系統的な意志決定の手段を提供するという目標を果たしている。

（4）議長やその他のメンバーの目論見から悪用されるという事例は見いだされなかった。

現場と規則との関係

議事規則の研究者が期待してきたのは、実際の会議で議事規則が「正しく」「合理的に」使用されることであった。これに対してウェイツェルとガイストの調査で明らかになったのはそうした使用方法ではなく、メンバーが必要だと思うときに（たとえば、グループの目標や時間的な効率性を高めるための手段として）、適宜利用され、しかも、時にそれは正確な使い方ですらない、という形態での使用例が多いということだった。コミュニティ・グループのメンバーは、議事手続きの記述に完璧に固執することには関心がなく、単に彼らの仕事を成し遂げることに関心があるためか、状況に応じて使用するというやり方に十分に満足しているとインタビューで話しているという。ロバート議事規則は多くのさまざまな会議で使用できるように成立してきた一般規則であることから、この規則を用いる会議が多様なものとなり、結果として状況に合わせたさまざまな使用方法が生じやすいのかもしれない。そもそも、個別の現場で生じる得るすべての状況を網羅することは原理的に不可能であるため、個々の現場の要請に応えるためにルールを無視するという状況がしばしば生じることは、経験的にも知られている問題である。

この問題について論じているリーズン（Reason, 1997）は、現状に合わない規則（悪いルール）を現状に適合する規則に常に改善していかなければ、そのルールを無視するのが例外というよりむしろ

「必要な違反」となり、不具合と見なしたさまざまな規則を無視することが常態化してしまうことを問題視している。そのような状況が、良いルールも含めたルール違反を誘発することは説明するまでもないだろう。現状に合う規則（良いルール）を違反することの問題はいろいろあるが、リーズンは、良いルールであるにもかかわらずそれを無視してよい結果（時間が短縮され、問題なく事を終えた、など）が得られた場合には、潜在的な危険性への軽視につながるなど、規則の逸脱を助長する危険な環境を生み出しやすいことを指摘している。

ルールの逸脱を誘発する悪いルールとしないためにも、ウェイツェルとガイストらが見てきたコミュニティのメンバーのように、現状に見合わなければそれに合うよう使い方に手を加えるのは、妥当な解決策だと言ってよい。しかしその一方で、そのつど任意の変更を許していると、今度は重要な場面で誰かの都合のよいように手続きを変更されてしまう可能性が出てきてしまい、良いルールの違反まで許容することにつながるという問題がある。そうした問題を解消するための一つの対応策は、状況に応じて規則を変更する場合に適用するルール、つまり、変更のための規則（変更に関する「良いルール」）を明文化して皆で共有し、それを守る、ということになるだろう。

知識格差と負担の軽減

メンバーがロバート議事規則をコミュニティの必要に応じて（時に不正確な形で）用いているということは、同時に議事規則が複雑でそのままでは利用しきれない、ということも示しているように思われる。実際、ロバート議事規則は使い手への負荷が小さいとは言えない。また、多くのメンバーが議事規則を使いこなせていないことも、ウェイツェルとガイストによって報告されている。このように、他のほとんどのメンバーが議事規則について最小限の知識しか持たないという状況では、議事規則に詳しいメンバーに負担がかかるということに加えて、議事規則に詳しい議長（あるいは、リーダー格のメンバー）などが、故意に、あるいは意図せず潜在的な権力を行使するのではないかという懸念が生じるだろう。ウェイツェルとガイストは、全般的に議事規則に詳しい人はそうでない人を手助けするなどしており、懸念するような状況は見られなかったと報告しているが、この結果はそうした状況が生じる可能性を否定するものではない。敵対関係にないコミュニティのグループと同様に、企業などより一層プレッシャーのかかる状況下での意志決定や、権力関係のあるメンバー間でも、相互に助け合う余裕や気持ちが生まれると断定するのは難しいように思われる。

　この知識の格差による潜在的権力の不均衡とでもいう問題への一つの対応策として、ロバート議事規則のような議事手続きをＧＤＳＳ（Group Decision Support System　集団意志決定支援システム）に組み込み、ネットワークを介したグループメンバーの相互作用に対して必要に応じた適切な介入を（半）自動的に行う、ということが考えられる。これによりメンバーの認知的負荷が軽減され、誰かの勝手な解釈による誤用や濫用の抑制が十分期待できるはずである。

　こうした問題に留まらず、すでにさまざまな必要から議事規則をＧＤＳＳに組み入れる試みがいくつか報告されているが（Dommel & Garcia-Luna-Aceves, 1997; Li et al., 1999; Prakken & Gordon, 1999 など参照）、まだ現実場面で採用されるまでには至っていないようである。とは言え、議事規則が組み込まれたＧＤＳＳが実用化される（あるいは、実用化にこぎつけるだけの技術が蓄積される）のは、そう遠い未来のことではないはずである。ただし、このような介入方法が実現したとしても、ロバート議事規則を採用する場合と同様にそれが人々に受け入れられるかどうかという問題や、それを採用することによってグループの相互作用や結果にどのような影響をもたらすか、遂行課題や使用方法との関係など、検討すべき多くの課題が依然として残ることになるだろう。

第3章　会議における決定のプロセス

決定プロセスのブラックボックス化を阻止する

前章までは会議における相互作用・決定プロセスに、さまざまな形で介入する方法を見てきた。これらの装置は意志決定によるアウトプットの質を向上させることを目標としているので、おのずから参加者の注意を決定手続きを含む決定プロセスへと促すものだとも言えるだろう。特に不適切な意志決定を抑止するという問題に即してみれば、決定手続きの問題は非常に重要である。

決定のプロセスに目を向けること、つまり、決定に至るまでどのようなプロセスを経たか、また、どのような決定手続きがとられたかについて正確に把握することの重大性は、それが決定結果の妥当性や合理性の判断材料となる以外に、次のようなことからも明らかである。

（1）決定までのプロセスを正確に把握せずあいまいなままにすると、出してしまった結論の正当化や必然化が生じる。

（2）決定手続きや判断が妥当なものであったかどうか、後で判断する材料が得にくくなる。

◆決定プロセスの再現性——意志決定の記録

結論の正当化・必然化の問題とはどういうことか、もう少し説明を加えたい。たとえば会議などで話し合いがすみ、結論が出たとしよう。話し合ってすぐのときは、まだ記憶も鮮明で議論の経過をはっきりと覚えていることも多い。しかし、話し合った当時鮮明だった細部にわたる情報は日に日にあいまいになり、自分で自覚している以上に忘れていく。それに加えて、人が物事について後から振り返って説明するときには、（通常は無自覚的に）結論に至るまでに起きたさまざまな出来事——いくつもの案や選択肢、あるいは、その案や選択肢が出てきた背景など——をそぎ落とし、他方で、結論につながる整合的な要素を残して語る特徴がある。つまり、本来は雑多な出来事が複雑に絡み合った結果であっても、あたかも必然的にその結果や結論に至ったかのような整然としたストーリーが出来上がってしまうのである。また、他人の言動や事後の出来事によって、たやすく過去の出来事があらぬ方向へと変わる。こうした人の〈記憶〉のあり方は、心理学における記憶研究や目撃者証言研究などによって明らかにされている（Loftus, 1980; 大橋他 2002／原 1996 など参照）。

したがって、結論に至るまでのプロセスを記録として自覚的に残さない限り、後々「あの時どうしてそのような結果が出てきたのか」についての検討や原因究明が相当困難なものになることは、疑う余地がない。もちろん、たとえ文書として記録が残っていたとしても、それが決定に至るまでの情報を豊かに盛り込んだものではなく、議題と決定事項が列挙してあるだけの議事録であれば、同じ問題が残る。決定後に作られる報告書類も結論や結果を支持する情報ばかり盛り込まれることが多いため、その当時のことを知らない者が、結果に至るまでに混在していた諸々の出来事や出来事同士の関係を、そうした資料から見いだすことはまず困難だろう。国の政策決定について調べるとき、研究者たちはしばしば同様の問題に突き当たるという。政策研究者である飯尾は「記録に残るのはたいてい成功した試み。失敗した試みは思い出にも書かないし、記録も出来上がった最後の形に沿って作られているということが大変多い。」したがって、「『浮かび上がらなかった選択肢』を明らかにすることが必要」であると述べている（飯尾 2001）。

さらに、企業における会計監査に同種の問題があることを浜田（2002）が指摘している。少し長くなるが引用しよう。

> 「会計記録とは、すんでしまった取引、すんでしまった経済行為を記録したものです。監査とは一般的に、その会計記録から過去の取引や経済行為を推定して、その会計記録の妥当性を吟味することですからおのずと限界があります。会計事象に限らず何らかの出来事が生じる前には、それに先立つ出来事が無数にあります。それらは、その何らかの出来事と因果関係を持っていたり、相関関係を持っていたり、あるいは反作用の関係があったりするわけです。しかし、監査手続きを実施する際には、会計記録から遡る先はおおよそひとつの出来事にしかたどり着けません。記録された時点で当初いろいろ輻輳していた出来事は整備され、記録上、原因と思われるひとつの出来事に固定されてしまうからです。通常はこ

の固定された出来事が結果に対して強い因果関係を有するので、経済行為や取引を推定するのにだいたい間に合いますが、それでも若干の事実は捨象されているのです。ケースによっては、そこに重要な事実が隠されていることもあるので、監査手続きの実施には必ずこのようなリスクが伴います。」(p.281)

結果のみならず決定プロセスへの目配りが不正を看破するために欠かせないこと、企業組織内の意志決定では、まずそれが適切に行われているかどうかを知ることが重要であることを浜田は強く主張している。たとえばチェックすべき点として、ある一部門・特定の権力者による独断と専横がないか、取締役会規則における付議事項にあたるものが誰かの決裁だけで実行されていないか、職務権限規程を無視した決定がなされていないか、きちんと取締役会などにかかっている案件でも、まともな議論がなされておらず提案者の思うままに決められていないか、バックデートでの議事録作成や、書面だけの役員会などが横行していないか、等々。それに加えて彼が重視するのは、最終的には文書化されないであろう決定に至るまでの諸々の事柄——事実関係、メンバーの思いや意気込み、意見、メンバーが置かれている状況とそれについてのメンバーの認識など——について把握することである。

本書では、ここで述べられているようなさまざまな意志決定プロセスすべてを扱うことはできないが、決定「プロセス」に関わる情報を積み重ね、意志決定の「クセ」を知ることを重視するスタンスは一貫している。必要なのは、決定プロセスに関わる情報を丹念に記録し、いつでも決定事項について見直し検討することができるようにすることなのである。

◆語る文化と語らない文化――意志決定の記憶

じつは、決定プロセスを吟味せず、結果の良し悪しに関わりなく「後を振り返らない」で「自分の胸の内にしまっておく」ことを暗黙のうちに是とする文化が日本にあるという指摘がある。たとえば日本の公人、特に公職を務める人の姿勢について、「彼らは勲章を授与されることに熱心だが、自分がやってきた事柄について世の中にきちんと報告する義務があるとは思っていないし、周囲の者が口を開いたとしても『彼はよくやりました』程度の伝記や顕彰伝か仲間の与太話止まり。戦後の日本の一党優位体制により培われた『言わず語らず』の官僚文化は、誰が何をやったかはっきりしない匿名の文化であり、ポジションが替わると資料を捨ててしまい、担当した政策の総括はまずしない』等々、政治学者である御厨は厳しく批判している（御厨 2002）。

同様に、飯尾も日本の政治家や官僚の考え方について同じような指摘をしている（ヤングら 2003）。日本の多くの政治家あるいは官僚が引退しても回顧録を残すということがなく、残す人がいたとしても非常に例外的であることについて、彼は、イギリスやアメリカに比べて日本の社会に回顧録の文化が必ずしも根付いていないことを理由に挙げている。自分のしたことを記録に残すという習慣が日本にはこれまでほとんどなく、こうした状況が御厨の言う匿名性の文化を助長してきたとも言えるかもしれない。この「語らない」「総括しない」文化に住む政治家や官僚に、飯尾がオーラル・ヒストリー（彼らの仕事にまつわる事柄に関しての口述記録）を申し込んだ際よく返ってくる答えは、「自分のやった仕事はすでに世の中に残しているから、話は棺桶まで持っていきたい」、つまり、死ぬまで誰にも話したくないということであり、それが公人のルールであるとする人が多いそうである。

重要な決定がどのように下されたかについて、それに関わった人たちが話をしたがらないという日本における公人のこうした姿勢と同様に、日本では公文書が貧弱なため重要な意志決定のプロセスが後から見て非常にあいまいであるとの批判もある。歴史家の五百旗頭《いおきべ》によれば、特に日本において歴史研究が依存する資料は圧倒的に文書資料が多いにもかかわらず、日本の記録された公文書の水準が欧米に比べると情けないほど格落ちだそうである。「閣議議事録」でさえ、議題と決定事項が列挙してある代物であって議事録と呼べるようなものではなく、そういう公文書しかない我が日本にあって果たして歴史の実相がわかるのか、と彼は苦言を呈している（五百旗頭 2003）。そもそも日本で公文書だと普通に認識されているのは稟議書といわれているものになってしまっているのだろうとは、飯尾の弁である。役所内部でハンコがたくさん押してある手続き的に確認するための書類で、ときには決めた後に作られる。そうした文書を日本では公文書と考える傾向にあり、意志決定の過程で作成されるさまざまな文書の位置づけがきわめてあいまいだと彼は言うのである（ヤングら 2003）。

こうした日本の実情に対して欧米ではどうだろうか。先に見た日本の公人の語らないことを是とする態度に対して、欧米では、公人は自分の体験を後世に話し伝えていく義務があると考えられ、公職に就くということには、後世の人間のために日記・メモ、それを補足するインタビュー、オーラル・ヒストリーを残していくことまでを含むという（御厨 2002）。五百旗頭によれば、アメリカでは、国民から選ばれて公的な仕事に携わった者は、一定期間が過ぎたら何をやったかすべて国民に報告しなければならない。それは国民の財産なのだという認識が強く、そうした信念に基づいて文献管理者（librarian）や文献編纂者（bibliographer）は仕事をしているという（五百旗頭 2003）。

アメリカの大統領図書館は、こうした精神を具現化したものだと言えるかもしれない。アメリカ大統領図書館は、１９３９年にフランクリン・ルーズベルトが自身のプライベートなものも含め、大統領の職務に関わる資料を政府に寄附したことに端を発している。ルーズベルトのこうした行動は、大統領の資料は重要な国の財産の一部であり、国民が入手しやすいものでなければならないという信念に由来するとされる。その後１９５５年に大統領図書館法（Presidential Libraries Act）が制定され、大統領図書館を設立しそれを管理するシステムが確立されることとなり、他の大統領たちに彼らの歴史的な資料提供を促し、それらを確実に保管して一般市民でも情報を入手できるようになった。現時点では、アイゼンハワー、ケネディ、カーター、ブッシュ、レーガン大統領など、約10人の元大統領図書館があり、アメリカ国立公文書館（Nation Archives and Records Administration）の大統領図書館部門によって保管・管理されている（ＮＡＲＡのサイト参照）。

大統領に関する重要な資料の収集・保管・管理は、政府によるものだけでなく、ヴァージニア大学付属のミラーセンター（Miller Center of Public Affairs）では、大統領のオーラル・ヒストリー・プログラムを継続的に行っており、また１９４８年創設のコロンビア大学のオーラル・ヒストリー・リサーチ・オフィス（Oral History Research Office）では「ニューディールの形成」（The making of the New Deal）、「アイゼンハワー政権」（Eisenhower Administration）といった政治関連のアーカイブも多数所蔵され、広く閲覧が許されている（武田 2002／御厨 2002／OHRO など参照）。しかし、こうしたアメリカでも、大統領に対して行ったメモによるアドバイスなどが、後年自分に不利な証拠として使われる可能性を懸念して、高官たちは記録をとらないようになってきており、レーガン、ブッシュ、クリントン時代は、公文書が仮に公開されたとしても昔ほど中身は十分ではないだろうとする見方もあることを言い添えておく（ヤングら 2003）。

過去の意志決定からまなぶ

日本にあっては、公的な機関であっても、政策決定など重要な意志決定過程に関わる文書を公文書として確実に残すための制度がなく、しかも公文書そのものの位置づけが非常にあいまいであり、その内容は非常にお粗末なものだと歴史学者や政治学者が嘆く。それは、何も取り戻せない過去の記憶が失われたという理由によるばかりではない。過去に成功した決定のみならず、失敗した決定を未来へ生かすことができないことを憂う気持ちが彼／彼女らにあるためである。また当然ながら、こうした問題は公的な機関や公文書だけのものではない。社会に多かれ少なかれ影響を与えるすべての組織（人）、企業（人）にも、同様に当てはまる問題なのである。

１９９０年代の金融危機から始まり、相次ぐ企業の経営破綻、度重なる企業の合併吸収と、近年産業界の様相は目まぐるしく変化している。そうしたなか、金融業界を例に挙げれば、なぜ金融危機が起きたのか、百周年を迎えると同時に廃業に陥った山一證券を含め銀行や証券会社などさまざまな企業は自らを分析し、納得のいく説明することなく今日に至っていると御厨は言う。６０年代にすでに一度潰れかかるという経験をしながら、結局、山一證券は潰れた。裁判中といった問題もあるだろうけれども、こうした事例も含め金融危機について組織がどのように対応し、あるいは対応できなかったのか、詳細な分析が必要であることを彼は強く主張している（御厨 2002）。それは一企業や産業界にとっての重要な記録となるばかりでなく、国を含めてさまざまな組織にとって、同じ轍を踏まないための過去から現在・未来へと伝えられる財産になるからである。

山一證券のように特殊な事例を分析するだけでなく、自ら所属する組織が日々どのように意志決定を行っているか明らかにすることも重要である。浜田（2002）が指摘するように、組織の決定プロセスを丹念に追うことによって、当該組織に見られる決定方法のクセを知ることができるからである。これにより、組織の決定を先読みし事前に策を講じることができ、何より同じような苦境に陥ったとしても、同じ失敗を繰り返さずにすむだろう。企業の合併・吸収が繰り返し起こっている昨今では、今まで以上に人が流動的になり、記録が散逸しやすい状況にあると言える。何か問題が生じた際に、当時の状況を把握することがほとんどできないという事態が起こりうることは容易に想像できる。失ったものを取り戻すために支払うコスト――手間隙や費用だけでなく、社会的な信用もそこには含まれてくるだろう――も、時に甚大なものとなる。今一度、組織内での意志決定過程に関わる文書をデータとして確実に残す手立てを考える必要があるように思われる。

意志決定のプロセスをきちんと記録しそれを残す（いつか人に見られるときが来る）ということになれば、それだけで決定に関わる人たちは「内側の論理」だけで物事を運ぼうとすることがしにくくなるだろう。このことは必然的に、責任の偏在化や不正な意志決定を抑制することにもつながるはずである。社会的・公的に影響力を持つ企業家、政治家、官僚は社会に対しての説明責任を負っており、本来こうしたことが強く求められるべきである。メモも資料も残さない官僚や政治家たちの現状に対し、欧米で見られるようにオーラル・ヒストリーによるアプローチによって、徐々にそうしたことの実現が可能になるのではないかと御厨らは言う（御厨・石原 2001／御厨 2002）。たとえば、官僚や政治家が、後から「あのときの決定はどうだったか」と訊かれることになれば、政策決定における個人責任のようなものを意識するようになるだろう。そうすれば、資料やメモを積極的に残すようになるのではないかというのである。さまざまな組織におけるこうした情報や記録を保存、蓄積し、それを一般人も含め、検索・利用しやすくしていくことは理想的なあり方だと言えるだろう。しかし、情報の機密性と公開性という矛盾の問題もあり、公開時期を定めるなど、この問題にどう折り合いをつけるかについても考えていくことが求められている（伊藤 2001）。

第Ⅱ部　決定手続きの科学——慣習に流されないために

Ⅱ部では、まず、意志決定についてよく知られている理論的研究を紹介する。手続きの方法次第では議決の悪しき舵取りが可能であること、これまで当然のように使用されていた多数決という意志決定手段がとんでもなく横暴な手段であることなど、大きな落とし穴を実感していただけるだろう。著名な理論的考察に、具体例を挙げて解説してあるので、読者ご自身が経験される意志決定を理論的に捉える目を養っていただくことができるはずである。

次に、著者らの新しい研究結果をお目にかける。会議のコンピュータ・シミュレーションという新しい方法で、会議のなかでどの要素がどの方向に機能するかなどを地道に調べたものである。いろいろな要素の議決に対する影響を一つひとつあぶり出しておわかりいただけるだろう。方法論的にはまだまだ発展途上段階ではあるが、会議を科学する有力なアプローチとしてご覧いただくことができるはずである。

第Ⅱ部を理解していただくことによって、今まで何気なく見過ごしていた会議のいろいろな要素が存外大きな影響を与えるなど、新鮮な驚きを覚えていただけるだろう。社内や組織で行われている無茶な採決にも堂々と異議申し立てができるようになるかもしれない。このことは、組織における不正を未然に防ぐためにも大変意義深いことだと思う。しかしながら、これらの知識を悪用することによって、逆に議決が操作可能であるということにも注意が必要である。学問によって明らかにされた素晴らしい知見を正しく使用していただきたいと願っている。

第4章　操作される結論

「多数決で決めましょう」に隠された問題

多数決は日常的に使われる最も一般的な集団意志決定の手段であると言える。集団内で意見の相違が生じた場合、多数決を行うことによって、より多くの賛同者を得た方の意見が、全体の意見であると結論付けられる。より多い人数が賛同する意見を採択するのであるから、たとえその意見に納得していなくとも、諦めざるを得なくなるのである。ところで、この多数決という集団意志決定手段は、本当に公平で適切な手続きなのだろうか？　一見すると、皆で決めるのだから、公平で民主的な手続きのように思える。しかし、時には不公平で不適切な手続きとなりうることが、理論的に証明されている。ここでは、多数決に潜む大きな問題点について、例を挙げながら解説する。

◆議決の操作可能性

通常、会議や話し合いの場では、議論を円滑に進めるために、議長などの進行役を設定し、その指示に従って話し合いを進めるのが一般的であろう。議長は、発言権や投票権を持たない場合もあり、常に中立を保っているように見える。しかしながら、議長には会議を支配するいくつかの機会が与えられている。議決のタイミングや、議決の手段など、会議の進行を巧みに操ることによって、議長の意志を議決に反映させることも可能なのである。以下に、理論的に可能な二つの議決操作について説明する。

コンドルセのパラドックス

コンドルセ（Condorcet, 1785）は、均衡した勢力を持つ三つ以上の派閥による会議で、議決に多数決ルールを用いる場合、次のようなパラドックスがあることを示唆している。

ある会合において、ほぼ同程度の勢力である派閥A、派閥B、派閥Cが、ある議論を持つ場合を想定する。それぞれの派閥は、派閥Aからはaという提案が、同様に派閥B、派閥Cからはb、cという提案が出され、提案されたa、b、cについて採決をとり、どれか一つに決定しなければならない場面を想定する。ここで、それぞれの派閥における選好順序は、派閥A：a＞b＞c、派閥B：b＞c＞a、派閥C：c＞a＞bであるとする（表4‐1参照）。具体的な例を挙げると、あ

表4-1　ある会合におけるグループの選好順序

派閥	選好順序
A	$a > b > c$
B	$b > c > a$
C	$c > a > b$

選好順序が循環している場合、先に2つの案で表決を取り、勝ち残った案と自分が採用したい案で表決を取ることによって、議長の思惑通りに議決を操作することが可能である。

る集団が夏休みのイベントを企画している。その集団は、ハイキングが好きなグループA、海水浴が好きなグループB、観光が好きなグループCの三つのグループに分かれていると仮定し、それぞれのグループは、イベントとしてハイキング（a）、海水浴（b）、観光（c）を提案しているとする。ここで、グループAの選好順序がハイキング、海水浴、観光、グループBの選好順序が海水浴、観光、ハイキング、グループCの選好順序が観光、ハイキング、海水浴であると仮定する。

　このように選好順序が循環している場合、先に二つの案で表決をとり、勝ち残った案と自分が採用したい案で表決をとることによって、議長の思惑どおりに議決を操作することが可能である。このイベントの取りまとめ役が、話し合いに先立ってこの構造を知っていれば、議決を自由に操作することができる。

　たとえば、観光（c案）をイベントとして採択したいと考えている場合、次のような手続きをとればよい。まず、適当な理由をつけて、ハイキング（a案）と海水浴（b案）で投票を行う。理由は、「どちらも天気が良くないと難しいので、天気が良い場合にどちらを行うか決めましょう」など、皆が納得しそうなものであれば何でも良い。すると、先ほどの選好順序から、グループＡとグループＣは「ハイキング」に投票し、グループＢだけが「海水浴」に投票することになり、多数決ルールを適用すれば、「海水浴」案は脱落することになる。次に、勝ち残った「ハイキング」と「観光」で投票を行うと、グループＢとグループＣは「観光」に投票し、グループＡだけが「ハイキング」に投票するので、最終的な議決は取りまとめ役の思惑どおり、「観光」に決定する。

この例のように、選好の順序が循環している場合、集団の意志決定は議長の進め方次第で自由に操作可能となる。多数決投票がかかえる上記のような問題点は、〝コンドルセのパラドックス〟あるいは〝投票のパラドックス〟と呼ばれている（Condorcet, 1785）。ガーマンとカミエン（Garman & Kamien,1968）によると、このように選好が循環する確率は、派閥が三つの場合で約５％程度あり、派閥が増えるにしたがって、約９％にまで達すると示唆されている。

条件判断と全体判断

会議や話し合いの場で、一つの最適な案を選択する際、選択を決定するための条件が複数存在する場合がある。企業などでは、ある提案がなされたときに、利益とリスクを天秤にかけて、その提案を受け入れるかどうかを判断する場面などが考えられる。今、ある食品工場で新商品の開発案が出され、その案について検討委員会が行われる場面を想定する。委員はメンバーＡ、Ｂ、Ｃで構成され、その案に対するメンバー個人の考えが次のとおりだったとする。Ａは、この開発に携わっているメンバーで、利益・リスクともに問題がないと考えている。Ｂは、販売力には問題がないが、この商品の品質

表4-2　条件に対する各メンバーの選好

メンバー	条件に対する判断		選　好
	利益	リスク	
A	○	○	採用
B	○	×	不採用
C	×	○	不採用

議長が検討している案件に賛成の場合、会議を条件判断で進めていくことによって全体の選択を賛成とすることが可能であり、案件に反対の場合は、全体判断で進めていくことによって全体の選択を反対とすることができる。

保持に不安があり、リスクが高いと考えている。Cは、新商品が本当に売れるかについて確信は持てないが、リスクに関しては問題がないと考えている。

通常、利益とリスクは同時に満足する必要があるので、ここではAのみが許可を出し、B、Cは不可を出すことになる。したがって、このまま多数決をとれば、この案が不採用となることは明白である。ここで、この委員会の議長がAであり、Aはなんとかしてこの新商品を売り出したいと考えていたと仮定しよう。この場合、次のような手続きをとることによって、Aの思惑どおりに議決を操作することができる。Aは「まず、利益とリスクを個別に検討していきましょう」と切り出す。すると、利益に関して、AとBは問題なしと思っており、Cだけが反対することになる。したがって、利益だけに着目すれば、多数決原理により、利益は合格となる。同様に、リスクに関して、AとCは問題ないと思っているので、リスクも合格になる。したがって、「結論として、新商品開発案は採用されることとなりました」となるのである。

このように、全体的に判断する場合と、条件ごとに判断する場合では、結論が正反対になることが起こりうるのである。さらに、その結論は議長の選好によって大きく左右される。議長が検討している案件に賛成の場合、会議を条件判断で進めていくことにより、全体の選択を賛成とすることが可能である。逆に、案件に反対の場合は、全体判断で進めていくことによって、全体の選択を反対とすることができるのである。

このことは、亀田によって数学的にも証明されている（Kameda,1991）（付録(1)参照）。

さらに、亀田は４人、６人からなる集団の意志決定において、議決が実際に操作可能であることも実験的に確認している（Kameda,1991）。先ほどの例では、多数決ルールを用いていたが、亀田の実験では、多数決ルールのほか、全員一致ルールについても検討を行っている。結果だけを抜粋すると、全員一致ルールにおいても同様に議決が操作可能であるという結果に至っている。

以上のように、議決は議長によって操作可能な場合がある。特に、意見が均衡している場合には、これらの理論を知っていることは、公平で民主的な意志決定を行う際に非常に重要なことである。もし、議決の操作が行われても、このことを知らなければ、異議を申し立てることすらできないのである。

◆公平で民主的な意志決定は存在しない？

上述の議決操作は、ある特殊な条件が整わなければ、実際には操作可能とはならない。しかし、以下に示すアロウの定理では、驚くべき結論が導かれている。１９６３年、厚生経済学者のアロウは、議決に関わる重要な定理である〝一般可能性定理〟（general possibility theorem）を発表した

（Arrow,1963）。アロウの理論によると、民主的な会議では、次に示す五つの条件を同時に満たす必要がある。

条件1　選択の合理性——選好（選択肢）はすべて同質のものであり、すべての選好に対して順位を付けることができる。

条件2　個人選好の無制約性——個人の選好順序は個人が自由に決定し、いかなる外部圧力も介入してはならない。

条件3　市民の主権性——すべての人がａ＞ｂという選好順序を持っているならば、全体としての選択もａ＞ｂでなければならない。

条件4　無関係対象からの独立性——ａ＞ｂが成り立っているとき、他の選好（ｃ、ｄなど）が加わっても、ａ＞ｂの順序には変化がない。

条件5　非独裁性——特定個人の選好が、他のメンバーの選好に関係なく集団の選択として採用されてはならない。

これらの条件を個別に見ると、どれも民主的な内容であり、誰もが納得するだろう。しかしながらアロウは、これらの条件が相互に論理的な矛盾を含んでいることを指摘し、すべての条件が同時に満足されることのないことを数学的に証明した。

アロウの定理について、少し考察してみよう。まず、各条件の確認である。条件1「選択の合理性」は選好（選択肢）に順序付けが可能であるという仮定であり、この条件の下に話は進められる。条件2「個人選好の無制約性」、条件3「市民の主権性」、条件5「非独裁性」については、自明であろう。条件4「無関係対象からの独立性」では、複数の選好（選択肢）が存在する場合に、ある選好の存在によって選好の順序が変化しないことを要求している。各条件を見てみると、民主的な会議であるための十分条件ではないにしても、必要条件であることは間違いなさそうである。したがって、「民主的な会議であれば、これらの条件はすべて満たされるべきである」という理屈は理解できる。

ここで、9人のメンバーがa、b、cの三つの案から最適なものを投票によって選択することを想定する。今、過半数となる最少の人数r（ここでは$r=5$）によってa＞bという選好順序が支持されていたと仮定すると（表4-3参照）、集団としての選択はa＞bとなる。選択肢cを含めた各メンバーの選好順序が表4-4に示すとおりであったと仮定すると、表4-4においても表4-3と同様に、a＞bが集団の選択となるはずである。bとcに注目してみると、b＜cを支持する人は$r-1$人、b＞cを支持する人は$10-r$人であり、rは過半数となる最少の人数であるので、集団としての支持はb＞cとなるはずである。ここで、条件1を適用すると、a＞b、b＞c⇒a＞cとなる。ところが、表4-4をよく見てみると、a＞cを支持しているのは、一人しかいない。すなわち、たった一人の意見が全体の選択を決めていることになる。このことから、条件5「非独裁性」が否定されたことになる。ここでは偶然の現象として独裁者がいたように見えるが、アロウはこのことが、正真正銘の独裁者になりうることを示唆している。

表4-3　a, bに対する選好順序

1	$a>b$
2	$a>b$
3	$a>b$
:	:
r	$a>b$
r+1	$a<b$
:	:
8	$a<b$
9	$a<b$

過半数となる最少の人数が r 人なので、集団としての選好は $a>b$ となる。

表4-4　各メンバーの選好順序

1	$\underline{a>b>c}$
2	$c>a>b$
3	$c>a>b$
:	:
r	$c>a>b$
r+1	$b>c>a$
:	:
8	$b>c>a$
9	$b>c>a$

過半数となる最少の人数が r 人なので、集団としての選好は $a>b$ となる。

アロウが証明した〝一般可能性定理〟は社会的決定論に大きな衝撃を与え、アロウの示した条件すべてを同時に満たすことができない〝不可能性〟をどのようにして覆すかが争点となった。多くの研究者が〝不可能性〟を覆すために考察を重ねたが、最終的に「個人の選好順序のみを集団意志決定のための変数として考える投票型のアプローチでは、さまざまなパラドックスや論理的矛盾から本質的に自由ではない」という結論に達したにすぎない。アロウの定理およびその後の研究に関する詳しい考察については、『「きめ方」の論理』（佐伯 1980）に詳しく述べられているので、興味のある読者はぜひ一読していただきたい。

以上の理論によると、本質的に公平で民主的な意志決定は実現不可能のようにも思える。しかし、出席者全員が善意を持って会議に臨めば、公平な意志決定となることは間違いないだろう。この本の読者には、これらの知識の悪用はぜひとも避けていただきたいものである。

「なんとなくそうしている」に潜む問題

◆組織構造に埋め込まれた決定手続き

話し合いに際して持ち込まれる決定手続きが、そもそもあらかじめ決定プロセスの中に（それと気付かれずに）埋め込まれている場合がある。ここではその例として、決定手続きが組織構造に依存する状況を取り上げ、話し合いに参加するメンバーの心理的な諸特性の作用とともに、そうした決定手続きが決定結果にどのような影響をもたらすかを見ていこう。

階層型組織と決定手続き

１９９９年に東海村で臨界事故を引き起こして以来、ＪＣＯについてはすでに多くの問題が指摘されている。ここでは、その中でも特に安全管理における集団意志決定の問題を取り上げたい。まず図４‐１を見ていただきたい。これは、１９８４年時のＪＣＯの保安管理組織である。この図には示されていないが、当時、事業所長（図では、安全管理主管者に該当）に直属した安全管理室が置かれ、他の部署と並列する形で位置づけされていた。しかし、１９９７年の組織の改編に伴い、図４‐２に見るように、安全管理室は安全管理グループとして他のグループと同列に扱われることとなった。

この組織の改編に伴う問題は複数あるが、最初に目を引く変化は安全管理室が技術部内の一グルー

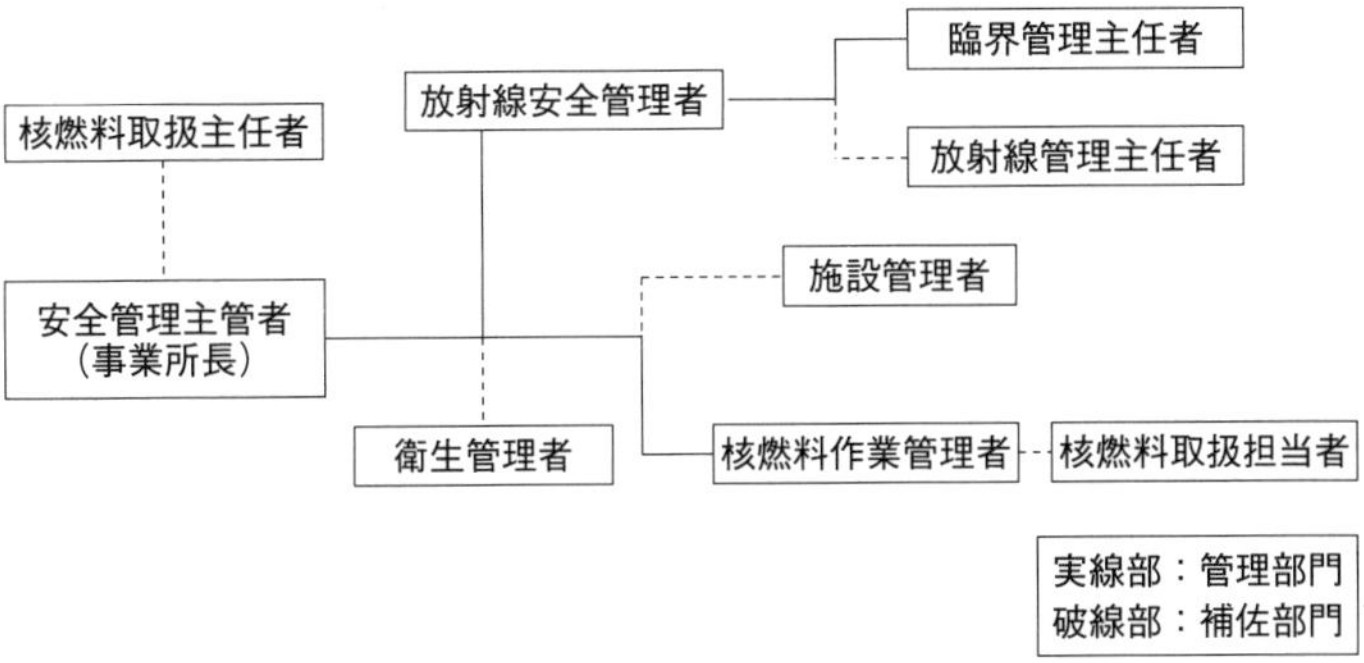

図4-1　安全管理組織（1984年保安規定）

（ウラン加工工場臨界事故調査委員会　第1回資料第1-16号より）

核燃料取扱主任者が安全管理主管者を補佐し，放射線安全管理者は，臨界管理主任者および放射線管理主任者の協力を得て臨界管理・放射線管理の実務を行う形になっている。

プへと格下げされている点であろう。加えてこのグループには、臨界に関して専門知識を持つ核燃料取扱主任有資格者が配置されていなかったという。この二つの変更点を見るだけでも、安全管理グループに与えられた権限が、以前に設置されていた安全管理室に比べ実質的に弱められた感があるのは否めない。たとえば、仮にグループ長が集まって会議を始めたと想像してみよう。そこでは製造部長が製造グループ長として参加しており、計画グループ長は核燃料取扱主任者でもある。保安規定に抵触する作業手順に関して他のメンバーがこぞってGOサインを出したとき、それに対して安全管理グループ長が「否」と言いやすい状況にあったと言えるだろうか。

　JCOの例に見るまでもなく、組織構造と意志決定の問題は深く関わっている。権限に基づいて組織を構造化し、組織体制と意志決定機構を積極的に関連づけることはさほど珍しいことではない

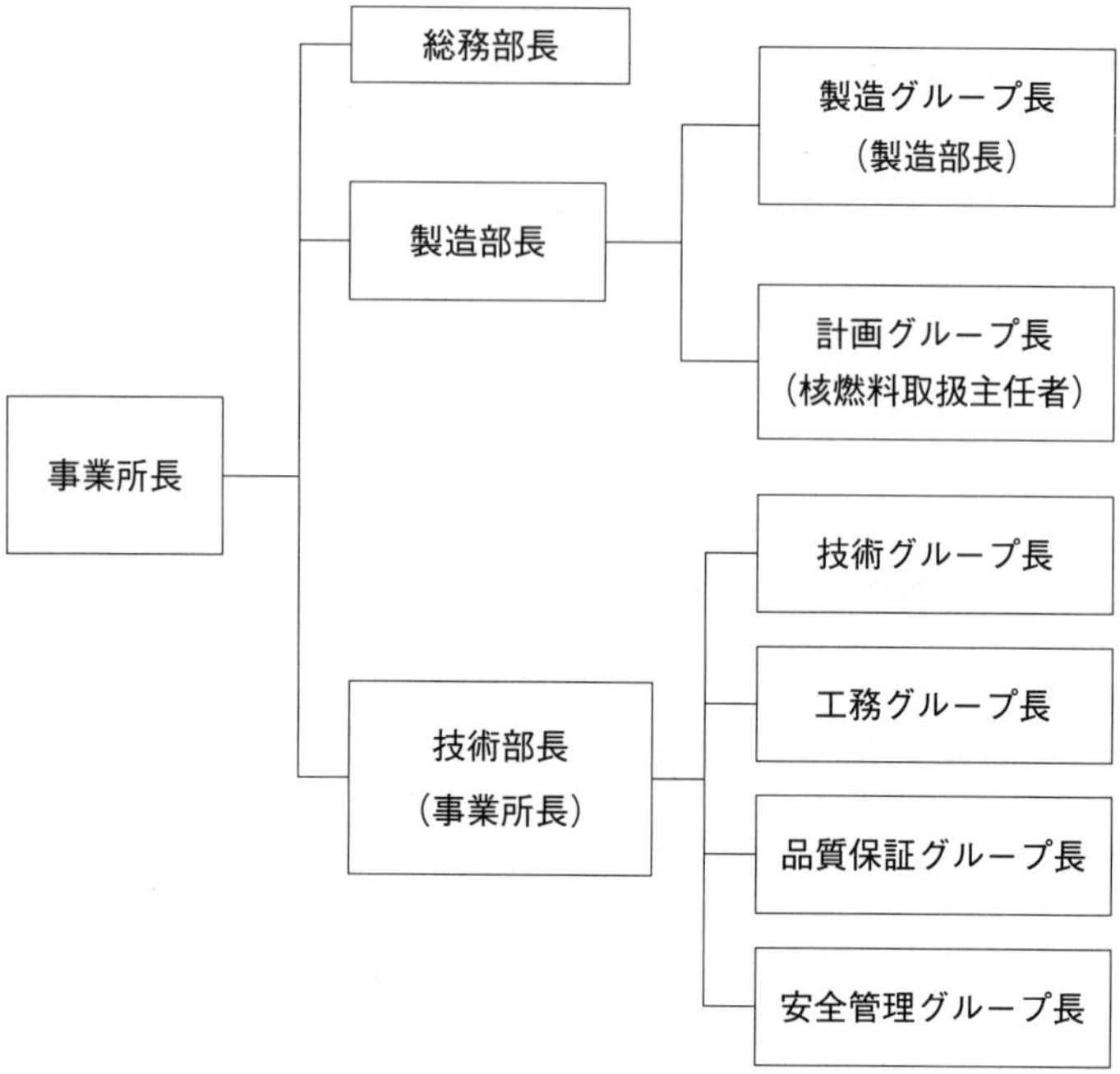

図4-2 1999年時の組織（職制）表

（ウラン加工工場臨界事故調査委員会　第2回資料第2-3-2号より）

1997年の組織の改編に伴い，製造部および技術部と並列して位置づけられていた安全管理室が，技術部内の1グループとして格下げされている点に注目されたい。組織替えに関する問題の詳細に関してはヒューマン・マシン・システム研究部会JCO事故調査特別作業会（2000）を参照のこと。

だろう。しかし、そうした組織体制を利用することで、決定内容を操作することができるとしたらどうだろうか。企業の部や課などがそうであるように、一般的に見て多くの組織は階層型、あるいは入れ子型の構造を持つ集団になっている。じつはこのような構造を持った集団の合意形成・意志決定プロセスに、手続きによる決定の操作性の問題が潜んでいるのである。

　ある問題について結論を下す必要が生じた場合、階層型の集団で通常考えられる意志決定・合意形成プロセスには、次に挙げる二つの経路があり得る。一つは、メンバー全員が一堂に会して対面かつ同時討論を経て結論を出す一段階手続きの経路。もう一つは、下位グループのメンバーによる話し合いの機会を設け、いったん意見調整を行った上でその後に全員による話し合いの機会を持つ経路である。つまりグループごとの会議を経て、全体会議という二段階手続きを踏む経路である。こうした二つの決め方は、一見して何の違和感もなく受け入れられているが、どちらを選ぶかによって、最終的に下される結論が違ったものになることが明らかにされている（亀田 1997／Kameda,1996; Kameda & Sugimori,1995）。

ローカルな多数派

　仮にA案とB案のどちらかを採択するか決めなければならない状況にあるとしよう。図4-3を参照していただきたい。グループ全体で見ると、A案に賛成しているメンバーが多数派となっているのがわかる。しかしセクションごとに見ると、セクション1ではA案支持者が多数派になっているのに対して、セクション2の多数派はB案支持者で、A案支持者は少数派になっている。このように、階

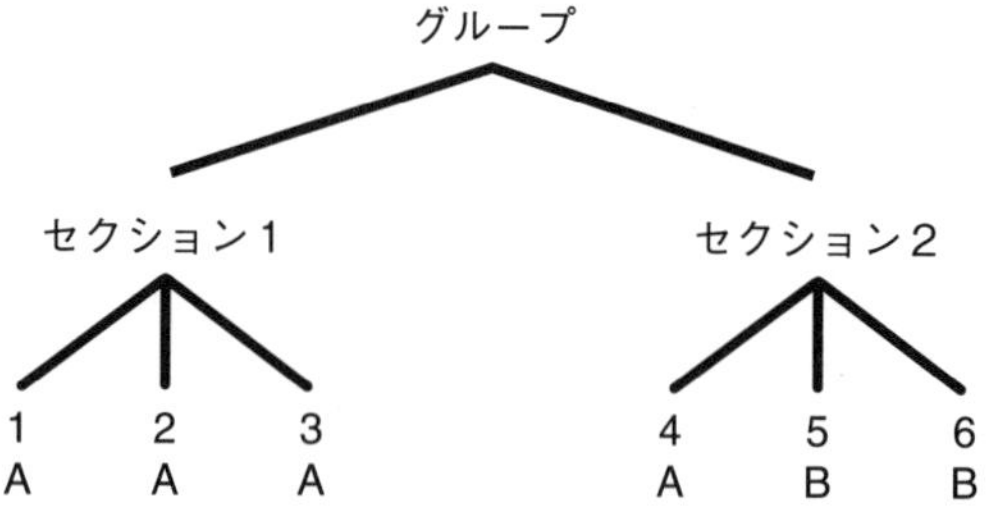

図4-3　階層型組織の一例（Kameda & Sugimori, 1995より）

グループ全体で見ると，A案を支持するメンバー（1〜4）は多数派である（全体的多数派）。しかし，セクション毎に見ると，セクション2では，A案支持者はメンバー4のみであり，B案支持者が多数派（ローカルな多数派）になっている。

層型の集団においては、全体から見た場合と特定の下位集団で見た場合のように、異なるレベルで見た多数派が一致しないことがあることに注意を払う必要がある。

全体から見れば多数派に属しているのに、下位グループで見ると少数派に属することになるというように、あるメンバーの意見地位（opinion status 多数派に属しているか少数派に属しているか）が各レベルで一致しないことは十分起こりうる。亀田と杉森（Kameda & Sugimori,1995）は全体レベルでの多数派を「全体的多数派」、下位グループでの多数派を「ローカルな多数派」として区別し、このような意見地位の違いが意志決定に際してどのような影響をもたらすのか、実験によって検討している。非常に興味深い結果が示されているので、簡単に紹介しよう。

段階手続きの影響

実験の手続きは、次に記した（1）から（4）の手順によって行われている。

（1）実験を行う一週間前に、実験参加予定の学生に、当時紙面を賑わしていたある犯罪に関する個人的な意見（死刑判決に賛成か反対か）をあらかじめ聞いておく。

（2）事前にとったそのデータをもとに、図４-３のように全体多数派とローカルな多数派ができるような６人グループを25組つくり、その25組を、それぞれ一段階手続きを経るグループ（Ｘ）と、二段階の手続きを経るグループ（Ｙ）とに約半分ずつ分ける。

（3）実験当日、同じ犯罪を議論の材料にして、グループ（Ｘ）のメンバー６人はすぐに討議を始め、45分後にＡ案（死刑判決に賛成）かＢ案（反対）のどちらか全体としての結論を出すように指示される（一段階手続きで決定するグループ）。

（4）グループ（Ｙ）のメンバーは、最初３人ずつに分かれ、10分間「非公式的」な意見交換をして、一時的なものとして、グループの意見をまとめるように指示される。その後、６人で再び話し合いの場を持ち、最終的なグループ全体の結論を出す（二段階手続きで決定するグループ）。

この実験に参加しているＸ、Ｙ両グループのどのメンバーも、話し合いを始める前に他のメンバーがどのような意見を持っているかについてまったく知らされていない。したがって、実際に話し合うなかでしか他のメンバーの意見を知ることはできないようになっている（そのため当然だが、自分の意見地位もそこでしか知ることはできない）。また、全体で話し合う段階で結論に達しない場合であっても45分で討議は打ち切られ、結論は保留とされた。なお、実験前に支持されていた案の比率は、Ａ案対Ｂ案＝２対１であり、Ａ案支持者が全体的に見た場合の多数派となっていた。

表4-5　手続きの種類と討議後のグループによる結論

（Kameda & Sugimori（1995）のTable1をもとに作成）

一段階手続きでは，多数派の支持する結論（賛成）がそのままグループの結論になっているのに対して，二段階手続きでは，グループの結論は反対，もしくは保留となっている。

手続き（条件）	集団討議後による結論			
	賛成	反対	保留	*n*
一段階手続き	7(.64)	2(.18)	2(.18)	11
二段階手続き	0(.00)	3(.21)	11(.79)	14

※*n*はグループ数／( ) 内の数字は条件毎の割合

二段階手続きに現れるローカルな多数派の力

さて、それぞれのグループが出した結論はどのようなものだっただろうか。結果を表4-5に示した。手続きによって話し合いの最終結論が異なることがはっきり数値に現れている。

一段階の手続きによる決定では、もともと多数派だったA案支持者の意見がそのまま全体の意見として採択されることとなった。これに対して、二段階手続きでは、A案が全体の意見として決まったグループは一つもないという結果となったのである。

次にメンバー個人に注目してみよう。今度は表4-6を見ていただきたい。一段階手続きの場合、「全体的多数派」に属していたA案支持のメンバーはほとんど意見を変えていないのに対して（意見変更をしたのは約13%）、少数派であったB案支持者のメンバーはその倍以上の人数が意見を変えている（同32%）。つまり、A案を支持する多数派の力が確実に影響していたことがわかる。

他方、全体では多数派であるA案支持メンバーは、二段階手続きでは下位グループで少数派、すなわち「ローカルな少数派」となっていた。この「ローカルな少数派」の立場にいたメンバーた

表4-6　もう一方の立場へ意見を変えたメンバーの割合

（Kameda & Sugimori（1995）のTable2をもとに作成）

一段階手続きでは，集団討議後，全体的少数派が全体的多数派の倍以上の割合で意見を変えている。しかし二段階手続きでは，ローカルな多数派（全体では少数派に属する）で意見を変えた者は一人もいない。他方，ローカルな少数派（全体では多数派に属する）は半数近く意見を変えている。

メンバーの地位（条件）	集団討議前の意見	もう一方の意見へ変化した割合
全体的多数派（一段階手続き）	賛成	.136(6/44)
全体的少数派（一段階手続き）	反対	.318(7/22)
ローカルな少数派（二段階手続き）	賛成	.429(6/14)
ローカルな多数派（二段階手続き）	反対	.000(0/28)

ちは、下位グループでの討議を経て全体討議に参加した結果、どのような意見を持つに至ったのだろうか。表４・６の二段階手続きの部分を見ると、ローカルな少数派を体験したこのA案支持者たちは、全体討議では多数派に属していたにもかかわらず、半数近くが意見を変えるに至っている。かたやローカルな多数派を経験したB案支持者を見ると、全体討議では少数派になるにもかかわらず、議論を終えた後誰一人として意見を変えていない。

そう思っているのは自分だけ？——少数派であるということ

ところでこの実験では、各メンバーがどの程度議論に積極的に参加していたかについても調べている。そのデータから判明したのは、ローカルな少数派に属したメンバーは討論中に沈黙を守る傾向にあり、全体討議のなかで意見を元に戻すことは稀だったということであった。彼らのこうした態度を説明する理由に、一時的なものではあれ、いったん自分が同意を示した意見については再び異を唱えにくいということがあるのかもしれない（たとえばAllgeier et al.,1979; Ash,1946; Festinger,1957; Tedeschi et al.,1971）。しかし、それにもまして、ローカルな少数派に属したメンバーに大きな心理的インパクトをもたらしたのは、自分が少数派に属しているという認知だったのではないだろうか。

亀田らの実験は、多数派・少数派のどちらに属しているかということが、そのメンバーの討議プロセスの参加の程度や関わり方（発話回数、発言への動機づけなど）に大きく作用することを示唆した点でも、非常に興味深いものだと言える。ローカルな少数派であったメンバーは、全体討論のなかで再度声を大にして自分の意見を主張したなら、全体では多数派に属していることを知る可能性があったはずである。にもかかわらず、このように彼らが押し黙ることで「少数派であること」の主観的な現実味が増し、それがまた彼らを沈黙させるという、いわば循環的な状況を出現させることになった。その結果彼らは、意図せずして全体的少数派（実験ではＢ案支持者）に力を貸すことになってしまったのである（池田1993, 2000）。

重要なのは、実際はどうであれ、人が自らを「少数派である」と見なしてしまうことの影響力の大きさである。次節でも述べるが、少数派であるという自己認知はいろいろな意味で人を沈黙させ、集団による意志決定に無視することのできない影響を与えるのである。

ここで、ローカルな多数派の方に視点を移すと、もう少し違う局面が見えてくる。この実験結果で示されていたのは、全体的少数派が、多数派を負かさないまでもタイに持ち込む（最終決着を引き分けにする）確率が高まるというものであった（表４-５参照）。集団による意志決定では、解決しなければならない問題の解の自明性や説得性の程度が低いほど、多数派主導のまま決定が下されやすいことが、すでに多くの研究により明らかになっている。亀田らが指摘するように、ともすれば多数派優勢のまま決着がついてしまうような状況において、この手続きは、少数派の力を多数派と同等、あるいはそれ以上に増大させるところに眼目がある。ただし言うまでもないことだが、このことこそ、この手続きに結果の操作可能性が潜在することを示しているのである。

「全体で話し合う前に、一度グループに分かれて話し合った方がいいのではないか」、あるいは、「時間がないから全員を集めてすぐに話し合おう」と誰かが提案したとしても、その方法自体が問題になることはまずないだろう。しかし、この手続きが提案されたとき、提案者がどちらの選択肢を支持しているかに十分注意を払う必要があるのである。

◆「三人寄れば文殊の知恵」は正しいか

ところで、話し合いを行う際に、私たちが気にもとめず暗黙のうちに了解し、納得してしまっているのは、決定手続きの方法だけではない。たとえば、誰かがあなたに会議に加わるよう次のように誘ってきたらどうするだろうか。「ひとりだけだと得られる情報にも限度があるから視野も狭まる。皆で話し合えば、知らない情報も共有できるしさまざまな視点から検討できるじゃないか」「ひとりで決めるよりも、みんなで話し合った方が適切な結論が出せるはずだよ」。たいていの人は、「それもそうだな」と納得して、話し合いに参加してしまうだろう。「三人寄れば文殊の知恵」という格言に見るように、一般的に人は「複数のメンバーがいれば一人では思いつかなかったようないい考えが出てきたり、誤った判断をしにくくなる」と、集団で話し合うことについての素朴な信念を抱いているように思われる。

結論を先に言えば、「皆で話し合えばいい考えが出てくる」という素朴な信念は、多くの場合、ただの幻想にすぎない。そう信じる人が多いなか、何人もの心理学者は「皆で話し合えば一人では思いつかないようなことを思いつくだろう」という話し合いによる「アイデアの創出」に疑問を抱き、それを確かめるための実験をいくつも行っている（Diehl & Strobe,1987, 1991; Laughlin & Futoran,1985; Laughlin & Hollingshead,1995; Strobe & Diehl, 1994）。こうした心理学者による実験では、主に帰納推論（仮説生成）やブレインストーミングといった課題を用いて検討されているが、私たちの期待とは裏腹に、概して「アイデア創出」に関する信念に否定的な結果が示されている。

隠れたプロフィール

では、もう一つの「皆で話し合えば、誤った判断をしにくい」という信念はどうだろうか。ここでは、この信念を検討しているスタッサーらの実験を紹介したい（Stasser & Titus,1985）。

彼らの実験に参加したメンバーが話し合い結論を出すように言われた課題は、「3人の候補者から最も適切な人物を選ぶ」であった。つまりこの課題は、それぞれの候補者に関する「情報」を検討して、最適な候補者を選出するという、日常生活でもしばしば直面するタイプの決定課題である。ソファやパソコンなど、あなたが欲しいものを買うときのことを想像すれば容易に理解できるだろう。その場で気に入れば即購入に踏み切るという人もいるかもしれないが、その場合でも、ある程度は他の

表4-7　情報の分散状況の例（亀田（1997）の表4.1をもとに作成）

条件１では，メンバーX，Y，Zがすべての情報を共有している状況を示している。条件２は，選択肢Bに関する情報はすべて共有しているが，選択肢Aに関する情報はa_1だけ共有している状況を示している。

	集団メンバー		
	X	Y	Z
条件１			
選択肢Aにプラスの情報	a_1〜a_7	a_1〜a_7	a_1〜a_7
選択肢Bにプラスの情報	b_1〜b_4	b_1〜b_4	b_1〜b_4
条件２			
選択肢Aにプラスの情報	a_1, a_2, a_3	a_1, a_4, a_5	a_1, a_6, a_7
選択肢Bにプラスの情報	b_1〜b_4	b_1〜b_4	b_1〜b_4

ものと比較しているはずである。たとえば、各選択肢（各種ソファ、あるいは、各種パソコン）には注目すべき情報がいくつもあるだろうから、それらの情報を総合して買うかどうかを決定するだろう。ソファAは座り心地・値段の点が好ましいが、壊れやすい点にやや不満が残る。ソファBは値段が高いが壊れにくい。ただしデザインが１００％満足とは言えず、座り心地は可もなく不可もなし。等々。

彼らの実験の操作をわかりやすくするため、選択肢としてA、Bの二つがあり、それについて検討するメンバー３名X、Y、Zを例として説明しよう。表４-７はスタッサーらの実験状況を簡単にしたものである。

選択肢Aに有利なプラスの情報は７つあり（a_1〜a_7）、選択肢Bに有利なプラスの情報は４つ（b_1〜b_4）あるのがわかる。条件1では、選択肢A、Bについてのすべての情報がメンバーX、Y、Zの全員に共有されているという状況が想定されている。各情報の重要度に差がないと仮定すれば、メンバーは迷うことなく選択肢Aに決めるだろう。

しかし、メンバー全員がまったく同じ情報を持っている状況というのは考えにくい。条件2は条件1とは異なり、メンバーそれぞれが持つ情報は同じものもあれば、そうでないものもあるという状況を表現している。表を見ると、選択肢Bについての情報はすべてのメンバーの間で共有されているものの、選択肢Aについて共有されている情報は$\boldsymbol{a}_1$のみであり、その他の情報は各メンバーに散在する状況になっている。このような状況であれば、Bについてのプラス情報を多く持つ各メンバーは個人的に選択肢Bを好む傾向にあり、話し合いのなかで情報が共有されなければ、グループとしての決定も選択肢Bになるはずである。なお、このようにさまざまな情報がメンバーに分散してしまい、最も優れた選択肢が見かけ上埋もれている状態（亀田 1997）を指して、スタッサーらは「隠れたプロフィール（hidden profile）」と呼んでいる。

さて、今度はスタッサーらの実験の内容を簡単に説明しよう（図4-4参照）。話し合いに使用する課題を、候補者A、B、Cの3人から最良と思う候補者を一人選ぶものとした上で、

（1）実験協力者を4人のグループに分け、57組つくる。そのグループを、「情報共有型」条件、「選択肢B選好型」条件、「選択肢B／C選好型」条件に振り分ける。

（2）各条件のグループメンバーに与える候補者A、B、Cの3人についての情報を、表4-7のように事前に操作しておく。

（3）メンバーにそれぞれの条件に応じた情報を与え、グループごとに話し合いをさせ、どの候補

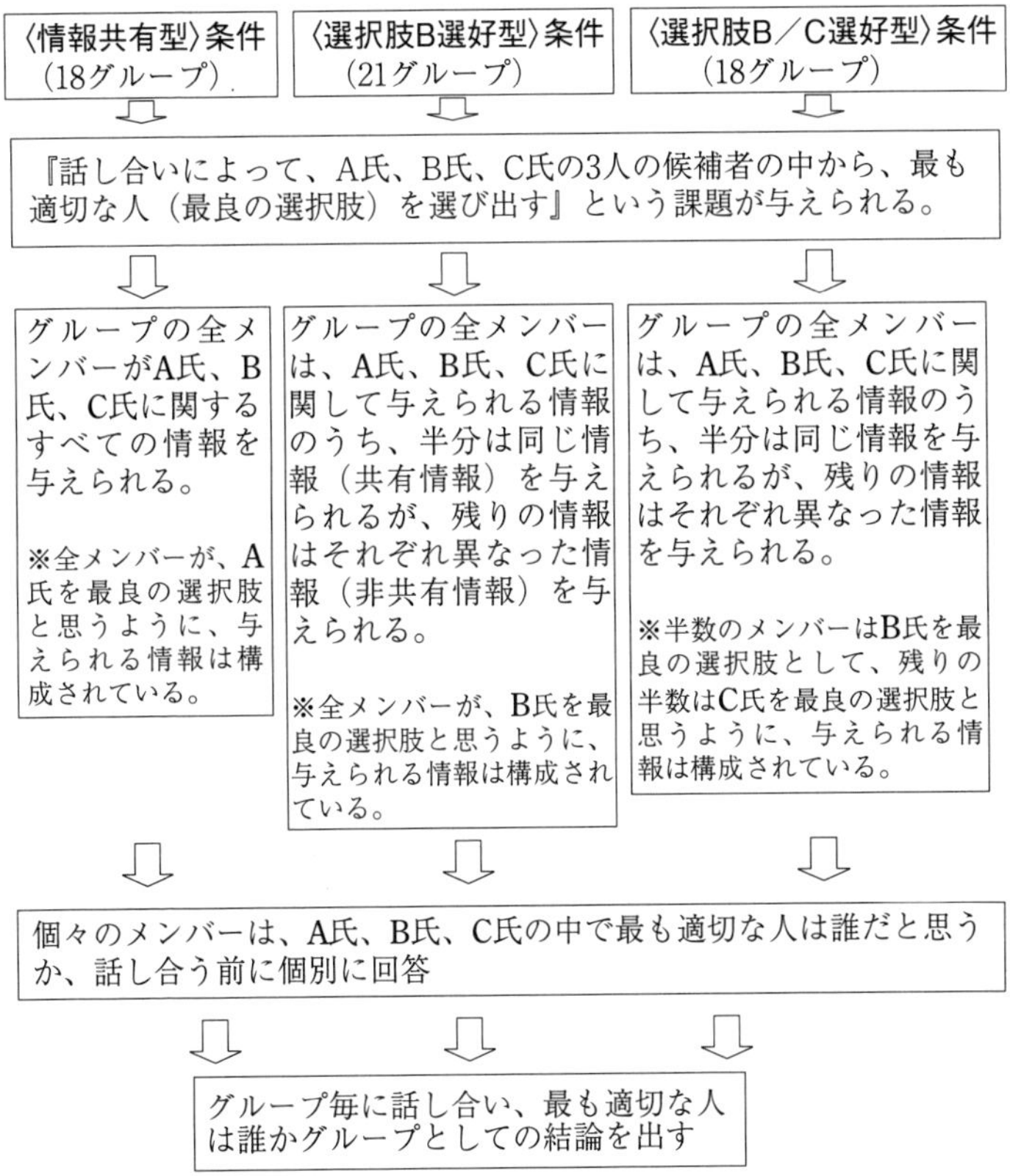
〈情報共有型〉条件（18グループ）
〈選択肢B選好型〉条件（21グループ）
〈選択肢B／C選好型〉条件（18グループ）
『話し合いによって、A氏、B氏、C氏の3人の候補者の中から、最も適切な人（最良の選択肢）を選び出す』という課題が与えられる。
グループの全メンバーがA氏、B氏、C氏に関するすべての情報を与えられる。
※全メンバーが、A氏を最良の選択肢と思うように、与えられる情報は構成されている。
グループの全メンバーは、A氏、B氏、C氏に関して与えられる情報のうち、半分は同じ情報（共有情報）を与えられるが、残りの情報はそれぞれ異なった情報（非共有情報）を与えられる。
※全メンバーが、B氏を最良の選択肢と思うように、与えられる情報は構成されている。
グループの全メンバーは、A氏、B氏、C氏に関して与えられる情報のうち、半分は同じ情報を与えられるが、残りの情報はそれぞれ異なった情報を与えられる。
※半数のメンバーはB氏を最良の選択肢として、残りの半数はC氏を最良の選択肢と思うように、与えられる情報は構成されている。
個々のメンバーは、A氏、B氏、C氏の中で最も適切な人は誰だと思うか、話し合う前に個別に回答
グループ毎に話し合い、最も適切な人は誰かグループとしての結論を出す

図4-4　実験の流れ

者を選ぶか決めてもらう。

スタッサーらはこの実験を行うことで、グループが話し合いをすることによって最も適切な候補者を選び出せるかどうかを検討した。つまり、彼らの関心は、グループのメンバーが話し合いを行うことによって、グループメンバーの間で共有していない情報（非共有情報）を洗い出し、優れた選択肢（表４-７であれば、選択肢A）を「発見」できるかどうか、を見ることにあった。

集団討議による非共有情報の共有化――メンバーから貴重な情報を引き出すことができるか

各メンバーに与える情報についてもう少し詳しく説明しよう。スタッサーらはまず、架空の候補者A氏、B氏、C氏一人につき16の情報を用意した。次に、４人グループで57組に分けられた実験参加者（各グループメンバー）一人ずつに、候補者A氏、B氏、C氏についての情報をいくつか知らせる。ここが重要なのだが、「情報共有型」「選択肢B選好型」「選択肢B／C選好型」の条件によって、メンバーに与えられる情報は異なるものとなる。

「情報共有型」条件に振り分けられたグループのメンバー４人には、３人の候補者それぞれについてまったく同じ16の情報が与えられる。表４-８を見て確認していただきたい。A氏については、プラス情報を８、中立情報は４、マイナス情報は４。B氏についてはそれぞれ４、８、４。C氏もB氏と同様に、４、８、４、となっているのがわかるだろう。したがって、このグループメンバーの間には非共有情報はないということになる。A氏はプラスの情報がB氏、C氏に比べて多いことから、

表4-8　個人メンバーに与えられた共有情報の数

（Stasser & Titus（1985）のTable2をもとに作成）

〈B/C選択型〉は，半分のメンバーが（　）外の数の情報を，残りのメンバーは（　）内の数の情報を与えられている。すなわち，半数がB氏を選好するように，半数がC氏を選好するように情報が与えられている。

	候補者		
グループ条件	A氏	B氏	C氏
〈情報共有型〉			
プラス情報	8	4	4
中立情報	4	8	8
マイナス情報	4	4	4
〈選択肢B選好型〉			
プラス情報	2	4	1
中立情報	4	5	8
マイナス情報	4	1	1
〈選択肢B/C選好型〉			
プラス情報	2	4(4)	4(4)
中立情報	4	6(4)	4(6)
マイナス情報	4	0(2)	2(0)

「情報共有型」条件のグループの各メンバーは、討議前からA氏が第一候補だと思うはずである。

「B選好型」条件のグループには、各候補者について8の同じ情報を共有し、残りの8情報はすべて異なる情報が与えられている。表でA氏の部分を見ると、各メンバーがA氏に関して与えられる情報は、プラス情報が2、中立情報が4、マイナス情報が4となっている。もともとA氏についてのプラス情報は8あるので、各メンバーはそれぞれA氏についての異なったプラス情報を二つ持つことになる（つまり、A氏についてのプラス情報は非共有情報となっている）。他方、B氏に関する情報は、全メンバーがプラスの4情報を与えられているため、プラス情報はメンバーの間で共有されている情報である。ところが、もともと4つあるB氏のマイナス情報については、各メンバーに一つずつしか与えられていない。つまり、B氏についての異なったマイナス情報が一つずつ与えられている状態になっているわけである（B氏についてのマイナス情報が非共有情報となっている）。C氏については、プラス情報、マイナス情報とも非共有情報となっており、全メンバーの情報が揃うとプラス情報が4、マイナス情報も4となるように情報がメンバーに分散している。

この「B選好型」条件のグループメンバーは、手持ちの情報を見ると、A氏、C氏についてのプラス情報がそれぞれ二つと一つであるのに対して、B氏についてのプラス情報は4つあるため、「個人的」には選択肢Bが最も好ましいと思うように情報が与えられていることになる。

「B／C選好型」条件のグループのメンバーは、「B選好型」条件のグループメンバーと同様に、各選択肢の8の情報を共有し、残りの8つが非共有情報となっている。ただし「B選好型」条件のグループメンバーと異なり、半分のメンバーは候補者B氏を個人的に好むように情報が与えられ、残りのメンバーには候補者C氏を好むように情報が与えられている。

非共有情報を駆逐する共有情報

自由に意見を述べあい話し合った後、各グループで出された結果はどのようなものだったのだろうか。結果をまとめたものが表4‐9である。

各メンバーが話し合いをする前に誰を支持していたか確認しよう。「情報共有型」条件および「B

表4-9　集団討議前の個人選好および集団討議による決定
（Stasser & Titus（1985）のTable3をもとに作成）

すべての情報を共有していない〈選択肢B選好型〉グループ，〈選択肢B/C選好型〉グループは，集団討議により情報を共有化し，最も優れた候補者であるA氏を「発見」することを期待された。しかし集団討議でA氏を選択すると結論を出したグループはそれぞれ3割にも満たなかった。

条件	候補者 A氏	候補者 B氏	候補者 C氏	n
個人選好（討議前）				
〈情報共有型〉	**.67**	.17	.17	72
〈選択肢B選好型〉	.25	**.61**	.14	84
〈選択肢B/C選好型〉	.21	**.46**	.33	72
集団討議結果（討議後）				
〈情報共有型〉	**.83**	.11	.06	18
〈選択肢B選好型〉	.24	**.71**	.05	21
〈選択肢B/C選好型〉	.12	**.53**	.35	17*

*結論に達しなかったグループが一つあった

選好型」条件に振り分けられたグループのメンバーは、実験者の期待どおり、それぞれ、候補者Ａ氏と候補者Ｂ氏を最有力候補者と見なしていたのがわかる。「Ｂ／Ｃ選好型」条件のグループメンバーは、Ａ氏よりＢ氏、Ｃ氏を好ましい候補者として見ていることも、このデータから読み取ることができる。

　次に、それぞれの条件のグループが話し合いの末に出した結論を見よう。すべての情報を共有していた「情報共有型」条件のグループは、その８割が最も優れた選択肢として候補者Ａに決定していた。それに対して、メンバーの間に共有されていなかった情報があった「Ｂ選好型」および「Ｂ／Ｃ選好型」条件のグループでは、候補者Ａを選び出したグループは３割にも満たないという結果であった。つまり、この結果が示すことは、「B選好型」および「B／C選好型」条件のグループの多くが、A氏についての共有していなかった情報を、話し合うことによって見つけることができなかったということである。たまたまこうした結果が出たのだろうか。残念ながら、スタッサーらは一連の実験によって、この実験結果を再確認している（Stasser,1992; Stasser & Stewart,1992）。

話し合いによってよりよい決定を下せるだろう、と当たり前のように信じている私たちにとって、この結果は直観に反するものだと言えるだろう。優れた選択肢に決めようと皆で話し合っているにもかかわらず、話し合いのなかで必要な情報が交換されていないとしたら、そこではいったい何が話し合われているのだろうか。

話し合いのプロセスでは何が起きているのか、それを明らかにするために、スタッサーらは別の実験でグループが話し合っている内容を録音し分析している。そこで明らかになったことは、グループのメンバーが時間を費やしていたのは、お互いに知らない情報について話し合うことではなく、すでに共有している情報について話し合うことであった。議論の中に共有情報が占める割合は45％だったのに対して、非共有情報はわずか18％だったのである。加えて、グループのメンバーが多くなるほど、その傾向が顕著になることも明らかになった。しかも、議論の中に投入された共有情報のうちの34％が、少なくとも一度は繰り返し話題にされており、非共有情報では26％が繰り返されていたという（Stasser, Taylor, & Hanna,1989）。これらのことを踏まえると、話し合いでは確かに情報交換がなされていたのだが、その時間の大部分は、すでに共有されている情報をやりとりすることに費やされていたということになるだろう。

情報の共有化を阻むもの

なぜ彼らは、すでに共有している情報を話すことに時間を費やしてしまったのだろうか。この疑問に対してスタッサーは、メンバーが自分の信じる「最良の選択肢」の擁護者となってしまう傾向を取り上げ、それを原因の一つに挙げている。つまり、擁護者になることが、結果的に自分の意見を支持する情報に注意を向けることとなり、それを議論すべき情報として選択してしまうのだろうと言うのである（Stasser,1992）。実際、人は自分の信念を確認するような情報を選択的に求める認知的な傾向を持つことが、多くの研究により示されている（Darley & Gross,1983; Snyder, & Cantor,1979; Snyder & Gangestad,1981）。こうした仮説確証バイアスのプロセスが働くことによって情報の検索に偏りが生じることとなり、自分の仮説の「妥当性」を誤認してしまう（「B選好型」条件のメンバーであれば、「B氏が最もよい候補者である」と信じてしまう）ことが考えられる。

「この選択肢が最もよいはずだ」という仮説を支持する情報に注意が向くことに加えて、共有情報は複数のメンバーに共有されているため、他のメンバーからも支持を得やすい状況にある。「妥当性」という観点からすれば、この他者からの支持も「妥当性」に寄与する強力な要因となるはずである（たとえばAsh,1956; Brown,1988; 池田 1993）。非共有情報についてあまり話しあわれないのも、この「妥当性」ということばが鍵となる。共有情報は他メンバーの支持による「妥当性」を得やすいのに対して、非共有情報は他のメンバーの同意を得にくい状況にある。他のメンバーが自分と同じ意見を言ってくれないというような、非共有情報の「妥当性」に対する否定的な認知は、非共有情報を繰り返し議論しようという気持ちに水をさすことになるだろう（Stewart & Stasser,1995）。

このような個人レベルの心理的傾向に加えて、集団で行うことから生じる物理的な制約もある。共有情報を話し合いの場に投入する確率は話し合いに加わる人数に比例する（Stasser & Titus,1985,1987; Stasser et al., 1989）。さらにそこで仮説確証バイアスが作動すれば、限られた討議時間中に占める共有情報の占有率は否が応でも高まるだろう。そのような状況においては、そうでなくとも話題にされにくい非共有情報について、十分に話し合う時間が残されていないということもあり得ることである。そうなると、今度はこの時間的な制約がもたらす心理的な側面への影響も考慮する必要が出てくる。議論の流れが多数の支持する選択肢に向くなか、この選択肢に関して新たな問題点や別の選択肢についての新しい情報を持ち出すことは、さらに討論を要求することでもある。それが実際のところ有益な情報となるかどうか、ということについての確信の度合いにもよるが、時間的な制約は、再度話を蒸し返すことによって時間という有限な資源を消費することへのためらいを生むはずである。

手続きに依存する決定結果

亀田は「社会的・公的な決定と同様に、対面的な集団状況においても潜在的な手続きの影響は深刻な問題である。ときに一定の人数を必要としたり公式の手続きがあるものの、しばしば手続きはあいまいで見たところ誠実そうに見え、議長の裁量権に委ねられていたり慣習に拠っているために、より悪い事態となりうる」と繰り返し警告している（Kameda,1996）。このことばにあるように、物事を決める際にとられる決定手続きがどうあるべきかについて、これまで私たちは無頓着すぎた――あるいは「素朴」すぎたと言えるだろう。私たちは一人で決めるとき以上に、心して集団による話し合いに臨む必要があるのかもしれない。

　本章で示してきた研究は非常に多くの示唆を与えてくれるが、実験は陪審員のように永続性のない集団について検討したものであることを考慮すると、現実はさらに厳しいことも示している。現実の社会では、意志決定に関わるメンバーの利害関係や、上下／権力関係などの人間関係が複雑に絡み合う。このように集団のメンバー間に力関係がある場合には、異を唱えにくい斉一性への同調圧力、評価されることへの懸念、手抜き、発言権の搾取など、発話機会そのものや発話内容を制限する要因が増え、集団で議論することの弊害は枚挙にいとまがない。先に、不正行為や情報の隠蔽工作など、企業不祥事に共通して見られる特徴の一つとして、組織ぐるみで内部の不正行為を容認していたことを挙げた。こうした一連の不祥事からも、不正行為にＧＯサインが出されたときに組織内部で「否」と声を上げることの難しさを垣間見ることができる。

　事故以前、ＪＣＯへの規制当局による安全審査では、機器設備等のハード面にばかり注意が向けられ、それに携わる人の心理的な側面が蔑ろにされていたとの指摘がある（ＨＭＳ研究部会 2000）。安全管理体制に関しても、組織替えに伴い安全管理体制がどう機能するのか、安全管理部門・職位の権限や心理的支援の確保、他の管理目標や経営圧からの独立性が確保されているのか等々、決定プロセスへの影響も含めて審査対象とすべきだったと言えるだろう。

　会議など集団による意志決定場面で、単に上から下への通達、上層部による決定の押し付けなど、その本来目的とするところの機能を実質的に果たしていない会議はいくつもあるはずである。組織内部での意志決定場面において、誰が何をどのように発言したのか、下からの発言・提案・批判はあったのか、どのようにその案件が決まっていったのか、等々。通常、合意に至るまでのこのような具体的なプロセスについて外部から伺い知る機会はほとんど皆無であると言っても過言ではない。しかし、どのような手続きを経て合意・決定に至ったのか、そのプロセスがいかに重要な役割を担っているかは、これまで述べてきたとおりである。決定手続きを含め、決定プロセスに絡むさまざまな慣習を「これが当たり前」と見過ごすことによって、支払うことになる代償が思う以上に大きなものとなることを、社会問題となった多くの事例は物語っているのである。

集団意志決定の結論は予測可能か？

会議などの集団意志決定では、多種多様なさまざまな議題が挙げられ、その議題ごとに議論して採否が決められる。その過程には、議題の内容もさることながら、会議に出席するメンバーの個性、人数、会議の時間、採決の方法など、さまざまな要因があり、議決に影響を与えている。このように、議決には多くの要因が関係しているのだが、それらの条件をもとに、議決を予測しようとする研究が行われている。

ご存知の方も多いと思うが、ヨーロッパの一部やアメリカの裁判では、陪審員によって有罪・無罪の判断が下される。招集された一般人は、通常、面識がなく、お互いの利害も地位格差もまったく関係がない。ただ、「善良な」市民が集まって、罪の審議を行うだけなのである。このことは、欧米で集団意志決定研究を飛躍的に進化させた大きな要因となっている。これほど個人間の影響が少なく、かつ、研究対象となりうる裁判が数多く行われているので、良質な研究材料が豊富なのだ。

◆意見の変容と数式モデル

フライバーグ大学（ドイツ）の社会心理学者クロットは、裁判中に陪審員の意見が変容する過程を考察するために、意見変容の確率モデルを考案し、実際の裁判に適用することを試みている（Helmut et al., 1996）。クロットの考えは次のとおりである。

通常の裁判では、判決に複数の選択肢が考えられる。今、ある陪審員の意見が選択肢iから、選択肢jに変わったとする（たとえば、禁固5年から禁固3年に刑罰を軽くした。ただし、アメリカの陪審制では、量刑判断は陪審員ではなく裁判官が行うが、ドイツの陪審制（参審制）では、軽罪のみであるが、陪審員に量刑判断が委ねられる）。意見が変容する理由には、情状酌量、犯行に至るまでの心理的要因など、いくつかの要因があり、それぞれが異なる重みで影響していると考えられる。

さらに、意見が変容する確率を考えると、刑罰の差が小さいほど意見が変容する確率は大きく、刑罰の差が大きいほどその確率は小さくなると考えられる。したがって、刑罰の重さの違いを考慮して、選択肢iから選択肢jに意見が変容する確率を定義している。

このモデルでは、加重係数を理論的に導くことはできないので、これらの係数を経験的に求めることとなる。そこで、過去に行った模擬裁判実験のデータを元に、これらの係数を求めている。模擬裁判実験は、５人組の模擬陪審員が、タクシー内窃盗と交通事故について20分間の審議を行い、禁固刑1～5年の範囲で刑罰を決定する（Crott & Werner,1994）。陪審員は、刑期についての自分の意見を90秒おきに音信号で表明する。なお、この音信号は他の陪審員には聞こえないようになっている。47グループの陪審員にタクシー内窃盗23件および交通事故24件を議論させ、タクシー内窃盗と交通事故それぞれの場合における加重係数を決定している。

この数式モデルが正しいことを証明するためには、裁判の結果を予測し、実際の結果と比較する必要がある。５人の陪審員が五つの刑罰（禁固1年～5年）から選択する組み合わせは、個人を区別しない場合、${}_5H_5 = {}_9C_5 = 126$通りとなる。５人の陪審員の意見を同時に見た場合、意見変容のパターンは$126 \times 126 = 15{,}876$通りと膨大な数となってしまうため、これらのパターンすべてを検証することは不可能である。そこで、陪審員たちによって同時に選択された選択肢の数を指標として、五つのカテゴリー（全員一致、意見が二つに分かれる、意見が三つに分かれる、意見が四つに分かれる、全員バラバラ）に分類して、そのカテゴリー間の変化（$5 \times 5 = 25$通り）について確率を予測した。

先ほどのタクシー内窃盗と交通事故の模擬裁判に、このモデルを用いて結果を予想したところ、カテゴリー間の変化確率は、実際の模擬裁判の結果とほぼ一致した。さらにクロットは、意見変容の過程においてもこのモデルが成立することを確認するために、4回目、7回目、10回目（最後）の状態についても検証した。その結果、途中の経過状態においても、モデルによる推測値が模擬裁判の結果と良く一致していた。このことは、完全にモデルの正当性を証明するものではないが、モデルが正当である可能性は非常に高いと考えられる。

クロットのモデルは、裁判という特殊な状況、かつ、限られた選択肢において成立しているため、実際の会議での検証は困難かもしれないが、集団意志決定の結果を予測できる可能性を示唆している。

◆集団での意志決定は正しい答えを導けるか？

集団意志決定におけるグループレベルでの相互作用に関する数式モデルの研究は、大変古くから行われている。これまでの知見をもとに、集団意志決定における判断の正しさを予測するために、さまざまなモデルの構築が試みられてきた。初期のモデルでは、メンバーがどのように個人の好みや意見を集団の意志としてまとめられるか、また、まとめるべきかなどについて述べられており、実際の集団意志決定と比較した場合に対して、ある程度の予測が可能とされてきた。

ロージは、１９３２年に発表された「グループによる問題解決」（Shaw,1932）という古典的な実験データの解析を行い、集団による問題解決の数式モデル構築を試み、個人が問題を解決する確率から、グループが問題を解決できる確率を導き出す数式モデルを確立した（Lorge & Solomon,1995）（付録⑵参照）。

以後の理論進化は非常に早く、意見がどのように集約されるかについてのルールや決定過程のモデル（Smoke & Zajonc,1962）、意見の集約を多岐にわたる分類（Thomas & Fink,1961）など、多くの研究成果が発表されている。また、これまで信じられてきた「最良のメンバーが勝利する」という概念に対して「最良ではないメンバーが勝利する」という概念が提案され、問題解決に関する実験データを非常に良く説明できるようになった（Steiner & Rajaratnam,1961）。そしてついには、グループの問題解決能力を精度良く予測するモデルが発表された（Davis & Restle,1963）。

これらの理論的な研究は、集団の問題解決能力や効率の評価を目的として行われたものであるが、これらをまとめた結果は、集団による問題解決が、あらゆる概念による予測よりも低い効率になるという結論に至った。たとえば、オズボーンの「ブレインストーミングにおける議決の引き延ばし」（Osborn,1957）は、ブレインストーミングの非効率性として実験的証拠が多数示されている（Diehl & Stroebe, 1987, 1991）。さらに、科学技術の進歩により、コンピュータを用いたグループコミュニケーションとして「電子ブレインストーミング」が可能となった。従来のブレインストーミングと比較した実験では、大きなグループで電子ブレインストーミングを行う場合、問題解決の効率が良くなるという結果が得られている（Valacich, Dennis & Connolly,1994）。これはおそらく、会話の中断などの効率を下げるような妨害行為が回避されるためと考えられている。

◆会議そのものをシミュレートすることは可能か？

これまで示してきた研究は、比較的新しいものであるが、会議とは少し条件が異なっているので、今度は会議を含めた集団意志決定研究の内容を紹介する。

アメリカのイリノイ大学の社会心理学者デイビスは、集団意志決定の流れに関するＳＤＳモデル（付録(3)参照）を考案している（Davis,1973）。このモデルでは、行列によって選択肢が選ばれる確率分布の変化に対応できるため、会議の多様な状況にいろいろなケースの会議について対応することができる。たとえば、解答を出すことが難しい場合には、それぞれの選択肢のどれか一つに決めがたい状態であるので、選択肢が選ばれる確率を等しく設定することによって、実際の会議を良く再現できる（**Davis, Hoppe & Hornseth,1968**）。

また、確率行列に会議経過時間や発言回数に応じて推移行列Sを複数回作用させることにより、各派閥の大きさがときどき変わる場合にも対応できるとしている（Davis et al., 1976）。さらに、行列Sも逐次変化させる方がより会議を良く再現できるなどの報告もあるが（Stasser & Davis,1977）、あまりにも複雑になるので、ここではそういった研究があるという紹介に留めておく。議論中にこれらの要素がどのように変遷していくかについての理論は、社会情報定式モデル（Social Information Scheme Model）に関する論文（Stasser & Davis,1981）に詳しく説明されているので、興味があればご覧いただきたい。

◆程度を決める場合の集団意志決定

これまでのモデルでは、選択肢が明確に区別できる場合について議論されてきた。しかし、現実の会議では、予算額に関する議論や期日までの日数など、必ずしも離散的な選択肢として取り扱えない議題を扱う会議も存在する。選択肢に区切りがない問題では、選択肢が無限に存在することになるので、これらのモデルをそのまま適用することができないが、連続する量を適切に分けることにより、離散的な量として取り扱うことができる。たとえば、115万円～124万円を四捨五入すると120万円となり、10万円単位の離散値として取り扱える。したがって、連続する選択肢を適当に区切ることによって、先述の離散的なモデルを適用することは可能となる。

しかし、離散的なモデルでは、選択肢の数とグループの人数の増加に伴って、とりうる状態の数が急速に増加する。しかしながら、選択肢としてふさわしいパターンを統計的に解析したり、それぞれの会議に応じたパターンを予測することは理論的に可能である。たとえば、100万円の予算を議論しているときの10万円の変動は比較的大きいが、1億円の予算を議論しているときの10万円はそれほど大きな変動ではない。したがって、金額や日数を議論する場合には、選択肢の区切りを指数関数的にとるなど、会議のパターンに適した選択肢の区切り方が存在する。

現在入手可能な意志決定に関する文献では、量的な好みの違いがどのようにして合意へと結びつくのかについて、十分な情報を得ることができないが、説得と意見の変容について、説得力のある研究がなされている（Fishbein & Ajzen,1975; Petty & Cacioppo,1981; Hunter, Danes, & Cohen,1984）。説得しようとする者とされる者の意見の差が大きいほど、説得の影響力は小さくなると予想される。最も単純な例としては、図4-5に示すように意見の差に伴って直線的に説得の影響力が小さくなることが考えられる。最も受け入れやすい関数は、意見の差に伴って、反比例的あるいは指数関数的に説得の影響力が小さくなる場合だろう。この場合には、意見がどれだけ離れていても影響が0になるこ

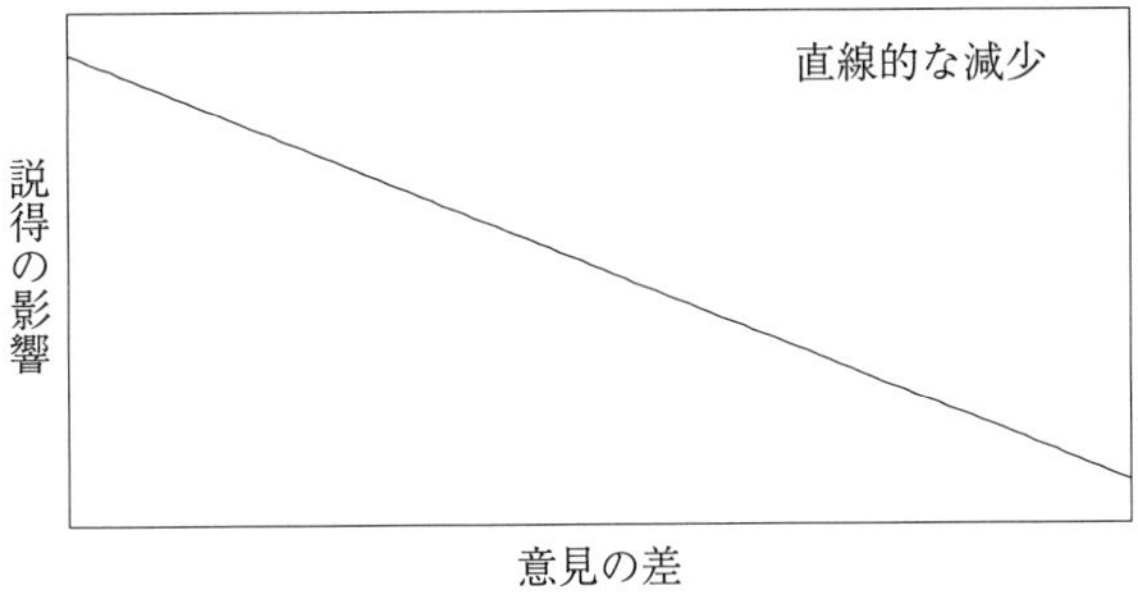

図4-5　地位の格差と社会的影響の関係（最も単純な場合）

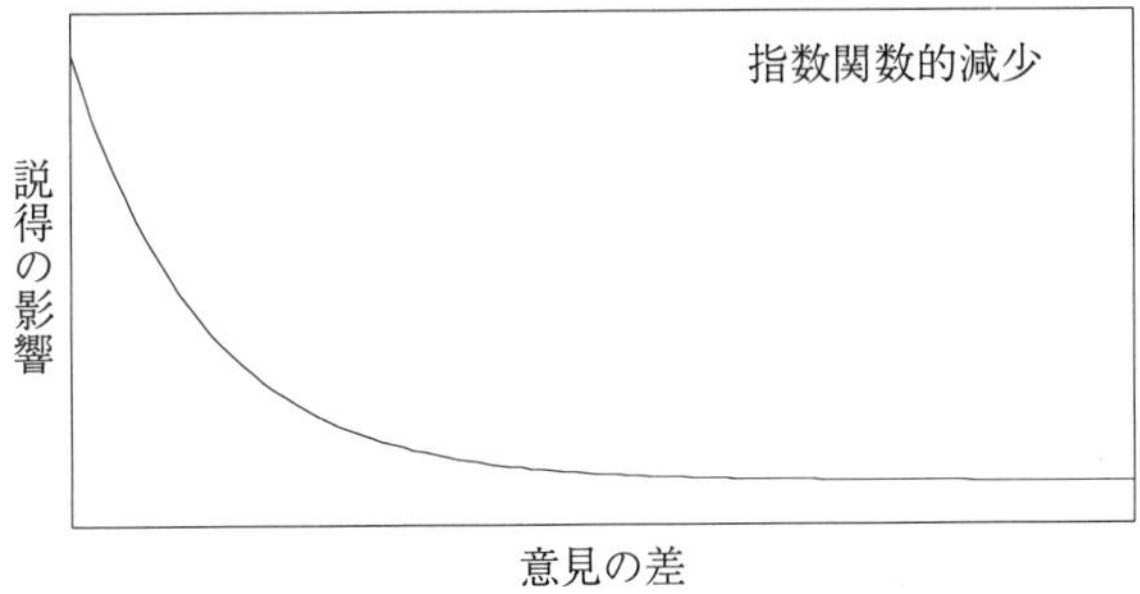

図4-6　典型的な意志決定環境の場合

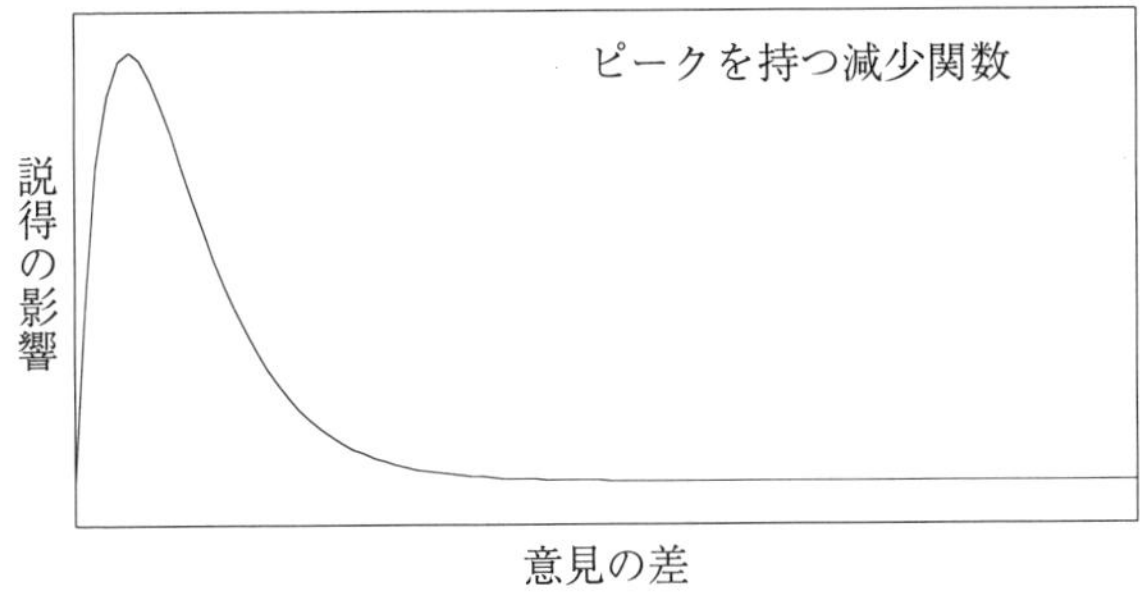

図4-7　優勢な者に強く影響される場合など

とはなく、数式モデルとしても有利である。また、意見の差が小さい場合、同調による説得の影響力が大きくなることも予想される。その場合には、図４-６のように意見の差が少し離れたところで説得の影響力にピークがあり、その後、徐々に影響力は小さくなるだろう。これらの影響を考慮すれば、程度を決定する場合の意志決定についてもＳＤＳモデルが適用可能となる。

以上は欧米で行われてきた集団意志決定のモデルに関する研究であるが、日本の会議スタイルは、欧米と異なる部分が多々ある。先にも述べたが、「反対の方挙手願います」といった議決方式などは、日本特有のものである。他にも、自分の意見をはっきり言えない人が多いなどの国民性や、無宗教の人が多いといった宗教的な思想の違いもあるかもしれない。次章では、日本独特の会議スタイルを含めた会議について、シミュレーションを交えて言及する。

第5章　会議スタイルのシミュレーション

デフォルトのある意志決定

日本の会議でしばしば見られるのが、〝デフォルト（default）〟のある意志決定である。この場合の「デフォルト」は、コンピュータなどでしばしば用いられる「初期設定」あるいは「暗黙の条件」という意味であり、「デフォルトのある意志決定」とは、議長から賛成または反対が暗に要求されている状態で投票を行うことである。議決をとる際に、「ご異議ございませんか？……それではこれをもって了承されました。」などは、その典型的な例である。この場合のデフォルトは「賛成」であり、暗にそのことをメンバーに要求している。多くの人は、こういった場面に遭遇した経験があり、「よほどの理由がない限り反対を表明するのは困難である」という雰囲気を感じたことがあるだろう。この現象は、議長から威圧的なバイアス（bias）が加わることにより、メンバーの意見が押さえつけられるために発生している。威圧的なバイアスが加わる背景には、地位や年齢、利害関係など、さまざまな要因が考えられるが、最も寄与が大きい要因は、地位格差によるバイアスであると考えられる。

このような「デフォルトのある意志決定」は、日本の会議においてしばしば遭遇する手続きである。一見すると、「会議を手早く終わらせるために、このような手続きをとっている」ような雰囲気を漂わせているが、じつは議長の無理な要求を通すための究極の手段なのである。では、このような〝デフォルト〟によるバイアスがある場合、議決にどのように影響するのであろうか？　なんとなく影響があるとわかっていても、実際どの程度の影響があるかを知る人は少ないだろう。

◆デフォルトバイアスによる影響のシミュレーション

デフォルトバイアスによる影響がどの程度であるかを示すために、我々が行ったモンテカルロ法（乱数を利用してシミュレーションを行う方法）を用いた数値シミュレーションを紹介する。まず、デフォルトバイアスの意味であるが、シミュレーション計算を行うためには、デフォルトバイアスを数値で表現する必要がある。そこで、デフォルトバイアスを「デフォルトの意志決定が存在することによる、メンバーが賛成する確率の増加分」と定義した。すなわち、デフォルトバイアスは、メンバーの意見がどれだけ賛成あるいは反対に傾いたかを示しており、たとえば、中立の人（賛成に投票する確率が0・5）に、デフォルトバイアスが0・1加わると、賛成側に意見が傾き、賛成に投票する確率が0・6になることを意味する。デフォルトバイアスには、多くの場合、議長や出席している人の力関係が影響するのだが、今回の検討では、力関係はまったくの同等とし、デフォルトバイアスが全員

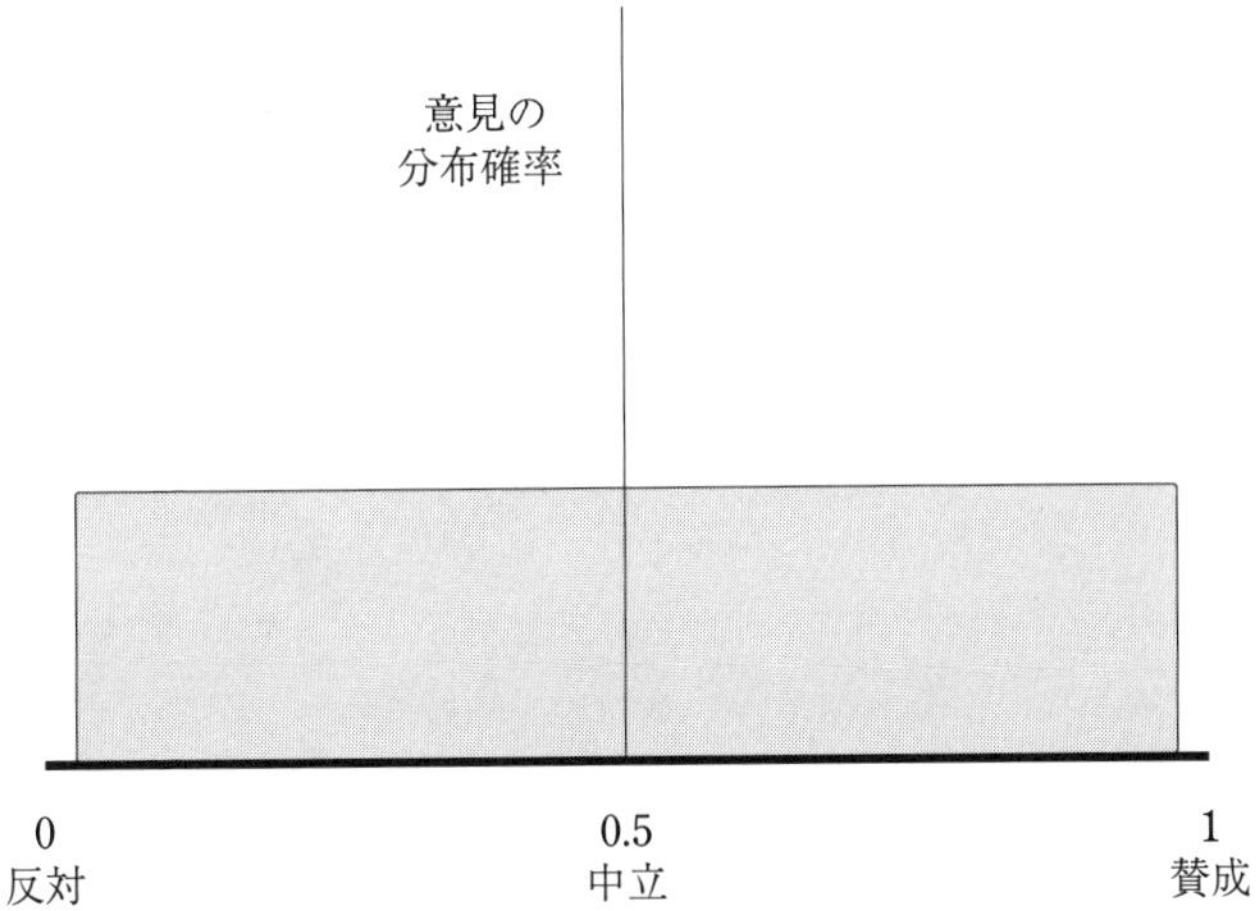

図5-1　シミュレーションにおける意見の分布確率
最も単純な場合として、意見の分布を均等とした場合の例。

に一様に加わると仮定した。

シミュレーションでは、会議に出席している人数を5人、9人、29人の3パターン用意し、ある案に対する各メンバーの意見を反対（0）から賛成（1）まで一様にランダムに振り分けた（図5‐1）。そして、各メンバーの意見にデフォルトバイアスの値を加えて、多数決ルールと全員一致ルールで表決をとるという作業を1万回繰り返し、それぞれの場合において、どの程度提案された案が採用されるかについて検討した。

◆デフォルトバイアスと多数決ルール

まず、多数決ルールにおけるシミュレーション結果を図5‐2に示す。この図は、5人、9人、29人における議決が、デフォルトバイアスによってどのように変化するかを表している。

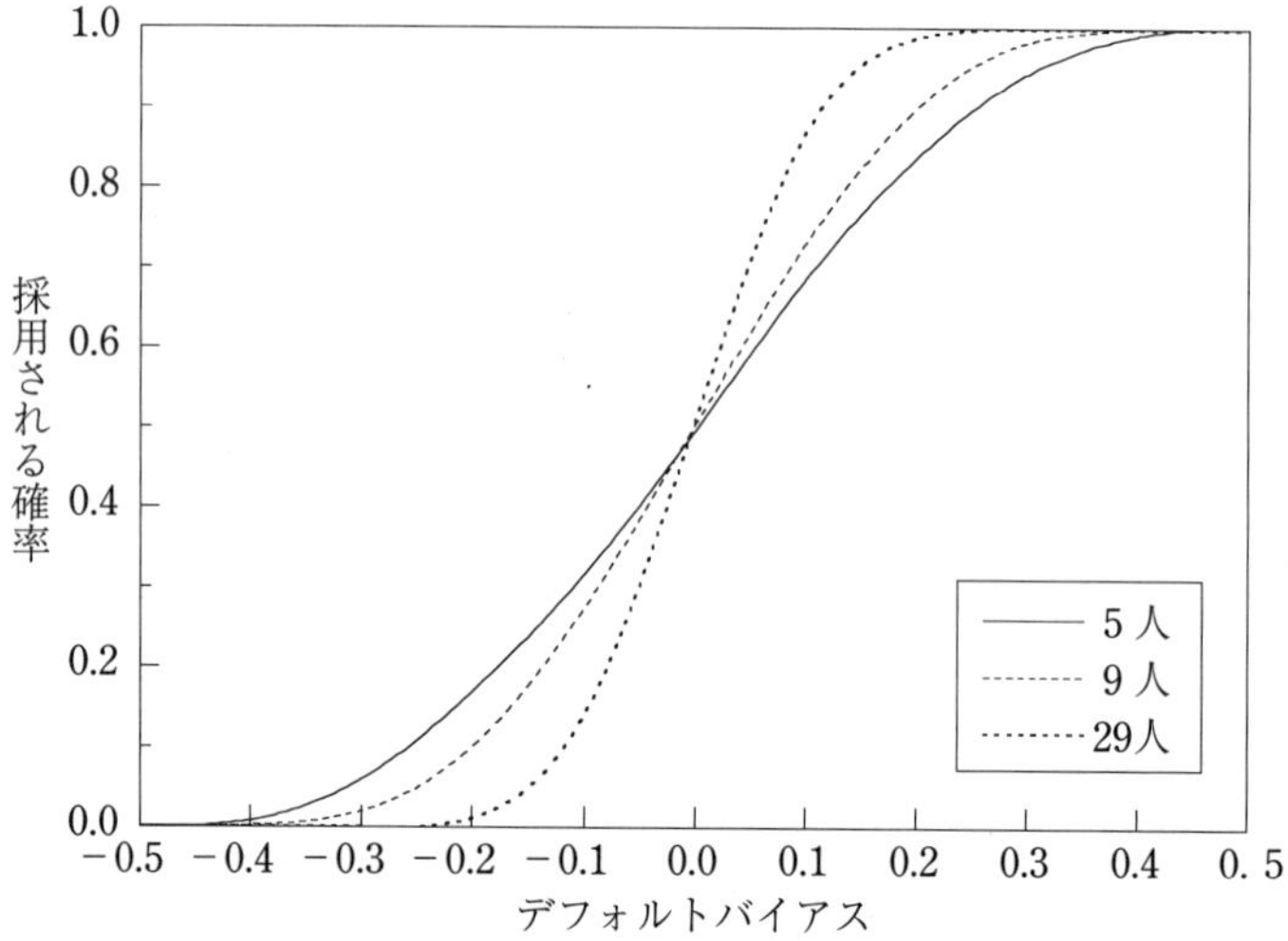

図5-2　多数決ルールにおけるデフォルトバイアスの効果

多数決ルールでは、議長がメンバーに及ぼす影響が大きいほど、デフォルトバイアスの効果は大きく、出席している人数が多いほど、その効果は顕著になる。

デフォルトバイアスが０（賛成する確率が全員０・５）のとき、賛成・反対はちょうど半分ずつなので、採用される確率は０・５となる。この図から、デフォルトバイアスの変化に伴って、採用される確率が変化していることがわかる。また、その影響は出席している人数が多いほど顕著に現れている。29人による議決では、デフォルトバイアスが０・１加わる（賛成する確率の平均が０・６になる）だけで、採用される確率は87％となっており、その効果がいかに大きいかがわかるだろう。何気なく使用されている「デフォルトのある意志決定」であるが、科学的に解析してみると、詐欺にも近いような手続きであることがわかる。

◆デフォルトバイアスと全員一致ルール

次に、全員一致ルールにおけるデフォルトバイアスの影響のシミュレーション結果を図５‐３に示す。多数決ルールでは、出席している人数が多いほどデフォルトバイアスの影響は大きかったが、全員一致ルールでは、多数決ルールとは逆に、出席している人数が少ないほど、デフォルトバイアスの効果は大きい。全員一致ルールでは、出席している人数が少ないほど採用される確率が高くなるので、このことは、直観的にも納得できるだろう。また、デフォルトバイアスによる影響は、多数決ルールに比べると小さいという結果になっている。しかし、ここで注意が必要なのは、デフォルトバイアスの大きさである。先にも述べたように、「反対の方、挙手を願います」の例は、全員一致ルールである。それにもかかわらず、無理な提案が全員一致ルールで採用されるケースは多々ある。したがって、デフォルトバイアスは、我々が想像しているよりももっと大きい値である可能性が高い。たとえば、５人の会議で採用される確率が０・５を超えるのは、デフォルトバイアスが約０・４（賛成する確率の平均が０・９!!）のときである（図５‐３参照）。すなわち、デフォルトバイアスの大きさは０・４より大きい可能性もあり得るということが示唆される。このことが多数決ルールにも当てはまるとすると、このような手続きをとることにより、ほぼ１００％の確率で案が採用されることになる（図５‐２参照）。

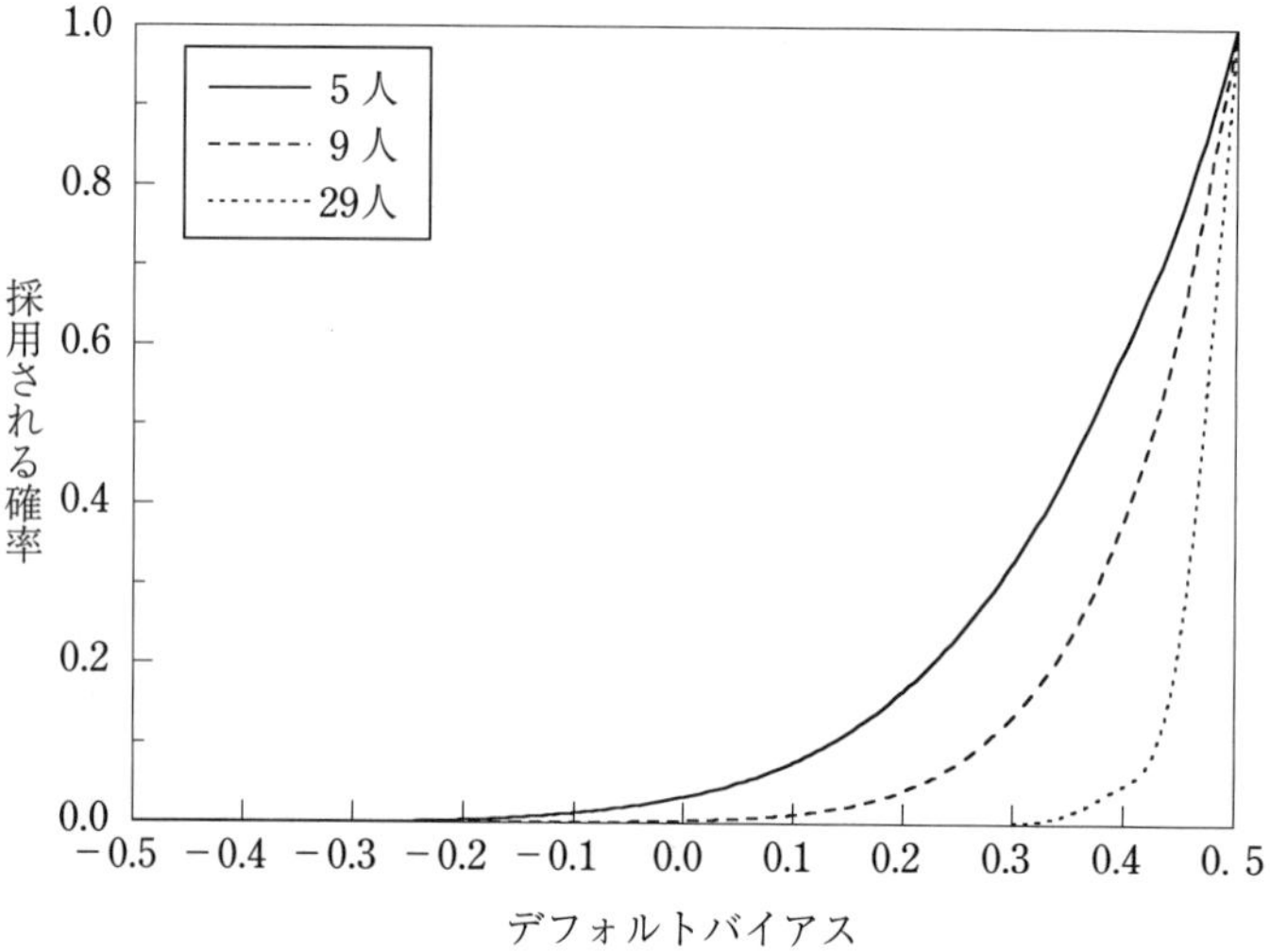

図5-3　全員一致ルールにおけるデフォルトバイアスの効果

全員一致ルールでも、議長がメンバーに及ぼす影響が大きいほど、デフォルトバイアスの効果は大きくなるが、出席している人数が少ないほど、その効果は顕著になる。

以上は、簡単なシミュレーションであり、詳細な検討が必要であることは言うまでもないが、〝デフォルト〟がある意志決定における危険性は十分に理解していただけたと思う。自己の利益を追求するあまり、このような手段を用いて反対意見を黙殺する場面は少なからず存在するだろう。こうなると、すでに会議としての意味はなくなり、まさに議長の独裁となってしまうのだ。議長が「安全は利益の一部である」という考えの持ち主であればまったく問題はないのだが、「安全を無視してでも利益を追求する」というタイプの人間であれば、その会社が何か問題を起こすのは自明であろう。

日和見主義者と議決の行方

この節では、会議でしばしば用いられる「ご異議ございませんか？」という慣習的な手続きを、会議に参加するメンバーの発話態度から検討した筆者たちの研究を紹介しよう。

◆「ご異議ございませんか？」

前節でも、デフォルトで「賛成（反対）」を要請する「ご異議ございませんか？」あるいは、「反対の方、挙手願います」（この後に続くセリフは、「どなたもいらっしゃらないようなので、この案は採択されました」）という手続きを取り上げた。この手続きは、時間がないときなどスムーズに会議を運ぶために気軽に用いやすく（Robert III et al., 2000; Zimmerman, 1997）、しかしそのために、あえて反対表明しにくい雰囲気を生む手続きともなる。なぜなら、「ご異議ございませんか？」という手続きは、議長や会議に参加する多数のメンバーによって、暗に「皆が賛成（反対）だろう」とあらかじめ想定（あるいは、要求）されるときに使用されるためである。先に示した数値シミュレーションでは、この慣習的手続きによって無言のプレッシャーが会議のメンバーにかかり、一人ひとりの気持ちの変化（バイアス）――挙手するのをためらう気持ち――が集積することによって、案件の採択率に無視できない影響をもたらすことが明らかにされた。

ところでじつは、自分以外の他メンバーは皆「同意しているのだろう」と思うことによって、この手続きは成立しているとも言えるのである。なぜなら、（実態がどうなのかはわからないけれども）多数のメンバーがほぼ同意しているようだ、と各メンバーが思い込む結果、「この手続きで構わないですね」ということになるからである。あるいは、議長が明らかにどちらか一方の意見に加担していることがわかる発言を繰り返し、有無を言わせず「ご異議ございますか？」とこの手続きを使用する事態もあるかもしれない。そうした事例も念頭に置きつつ、ひとまずここでは「同意が大半を占めていそうだ」という雰囲気に乗じて（ときに、それを利用して）使用される手続きとして話を進めていく。

◆〈少数派〉と沈黙の螺旋

一人ひとりのメンバーが「もしかしたら反対しているのは私だけかもしれない」「大半の人は同意しているのだろう」と思い込むと、話し合いに厄介な問題を引き起こす。たとえば、第3章で取り上げたスタッサーらの〝情報共有化の失敗〟（Stasser, 1992; Stasser & Titus, 1985 など）や、亀田と杉森の〝段階手続き〟（Kameda & Sugimori, 1995）で見られた「少数派の沈黙」は、そうした厄介な問題の一つである。これらの研究結果から示された重要なポイントは次のようなものだった。

（1）多数のメンバーが共有する情報は、何度も取り上げられ話し合われる。

（2）多数のメンバーの共有する情報が、話し合いのなかで取り上げられる頻度や時間が多くなるほど、少数のメンバーの持つ情報が取り上げられる機会が少なくなる。

（3）メンバーは、自分の意見が他のメンバーによって支持されていない（自分が少数派の側にいる）と思うと、意見を言わないようになる。

（4）メンバーは、自分が少数派だといったん思い込むと、実際にはそうではない状況であっても意見を言わなくなる。

ここで挙げた（3）や（4）が、「少数派の沈黙」に該当する。第3章でも触れた〈少数派〉となることの問題は、「沈黙の螺旋」（池田 1993／亀田 1997／Noelle-Neumann, 1993 などを参照）をキーワードとして理解することができる。まず、（1）、（2）のように、多数のメンバーの支持する意見が繰り返し出されることで、それとは異なる意見を持つメンバーに「もしかしたら自分（の意見）は少数派に属するのではないか」という思い込みが生じる。次に、それによって、そのメンバーは皆とは異なる意見をなかなか言い出せなくなる。そのことが再び、他の（もしかしたら自分（の意見）は少数派なのではないか、と思い込んでいる）メンバーの確信を強めることになる。そしてまたそのことが他のメンバーを……と延々と続き、結局、異なる意見を持つメンバーは誰も発言しなくなるのである。その一方で、活発に話されている意見があたかも主流であるかのようになり、それがまた「自分は少数派なのかもしれない」と思い込んでいるメンバーに追い討ちをかけることとなる。

「少数派の沈黙」は、「自分だけがそう思っているのだ（もしかしたら自分の意見が間違っているかもしれない）」「他の人は皆同意しているのだ」という個々人の思い込みと、今述べたような集団の動的なプロセスに支えられ、維持されていると見ることができる。なお、沈黙のプロセスが始動するためには、実態として「少数派」や「多数派」であることが必要なのではなく、自分は少数派（多数派）であると思い込むこと、自分の立場は少数派（多数派）に属していると誤認するだけで十分である点に注意してほしい。（以下では、実態はどうかということと無関係に、各メンバーの思い込みによって出現する少数派を〈少数派〉とし、多数派の場合も同様に〈多数派〉と表現することとする。）

（1）から（4）に加えて重要なのは、多数のメンバーが繰り返し同じ意見を述べることが物理的な時間を消費し、そのことがさらに異なる意見を表明しようとする動機づけを下げることである。同じ意見を話し合うことに時間が費やされ、全体があたかもその意見に同意しているかのように思われる状況で、その流れを止めることはなかなか勇気のいることである。しかも、自分の意見があえて流れに逆らうに値すると、いつも確信が持てるというものでもない。「せっかく意見がまとまりかけてきて、時間もないのに……」という気持ちに端的に見られるように、残された時間が少なくなることも、意見表明の動機づけに大きく影響するだろう。

こうしたことが絡み合って、自らを少数派だと思うメンバーは、多くの人が主張し皆が同意している（かのように思われる）意見に同調しやすくなっていく。「ご異議ございませんか」の手続きが持ち出され、その威力を発揮するのは、まさにそうした状況においてなのである。

◆決定手続きと〈多数派〉の生成

〈少数派〉が黙り込む事態に見るように、〈多数派〉の形成は、話し合い場面での意見・情報収集の壁となるばかりでなく、〈少数派〉への心理的なインパクトを与え、話し合いの結果に影響をもたらす。そして「ご異議ございませんか」という手続きの採用は、しばしば「皆はどうやら賛成しているようだ」とする思い込み（〈多数派〉の形成）を基礎としているということは、今述べたとおりである。このことはまた、〈多数派〉の出現を促すことによって会議の流れを任意の方向へ動かすことができる、つまり決定の操作可能性を示唆していると言えるだろう。

例を挙げよう。ある案件が提出され、その採択の是非について話し合われることとなったとする。その案件を通さないようにする（賛成派に対抗する）ためには、メンバーの中に反対の立場をとる者がいることを示す必要がある。反対者が一人だけでなく、他に多数存在することを示すことができれば、その案を通さずにすむ可能性も高くなるだろう。しかし、反対派が複数名存在することを示す――反対意見が数多く表明される――以前に、限られた数名のメンバーによる意見表明がなされただけで、議論不十分なまま表決がなされるとしたらどうだろうか。

このように話し合いが不十分な場合、会議に参加している各メンバーは自分の意見地位（すなわち、当該案件に関する意見において、多数派もしくは少数派に属していること。亀田 1997 参照）を把握しづらい状況に置かれることとなる。そうした状況で表決をとると、メンバーは活発に意見が出され表面上優勢である方を「総意」と誤認し、その「総意」に沿う方向へ同調しやすくなってしまう。実際に、一方の意見について活発に意見表明がなされることで見かけ上優勢となった方に軍配が挙がりやすくなることは、実験によっても示されている（Kameda & Sugimori,1995; 亀田 1997）。

◆日和見主義者と〈多数派〉の生成

では、〈多数派〉を形成しにくい会議とはどういう会議だろうか。どのような状況が揃えば、〈多数派〉の形成を抑制することができるのだろうか。ステイサーの実験（第3章参照）に見るように、少数派の持つ重要な情報を掘り起こすためにも〈多数派〉を作り出さないことが重要である。筆者たちはこうした観点から、〈多数派〉の生じやすさに関係すると思われる要因として、参加メンバーの「発話態度」に焦点を当て、数値シミュレーションによる検討を行った。具体的には、参加メンバーそれぞれの意見表明のしかた（たとえば、すぐに反対意見を言うか、あるいはまた、状況を見ながら意見を言おうとするか）が、最終的な結果にどのように影響するのかを見るというものである。

発話態度・決定ルール・集団サイズ

検討する際に用いた数値シミュレーションでは、重要だと思われる要因を、発話態度の他に二つ考慮している。一つは、「決定ルール」であり、もう一つは、「集団サイズ」である。それぞれについて少し説明を補おう。

①**発話態度**――右に述べたように、賛成派〈あるいは反対派〉が見かけ上の〈多数派〉を素早く形成するためには、賛成（反対）の立場を支持する人が先に多く意見表明することが重要である。それゆえ、案件採択の可否は、他の人が自分と同じ意見を表明したら、すぐにそれと同じ意見表明をする者（ここでは、こうした発話態度を有する人を「追随者」と呼ぶことにする）の多寡に依存すると考えることができる。しかし、会議のメンバーは皆が「追随者」であるとは限らない。しばしばメンバーの中には、成り行きを見ながら意見表明するかしないかを決める「日和見主義者」が存在するだろう。彼らがすぐに意見表明をすれば〈多数派〉になりえた立場も、彼らが沈黙し続けることによって〈少数派〉に甘んずることとなる。そこで、「日和見主義者」が多いほど、案件が採択される確率（反対派の方から見た場合には、案件が棄却される確率）は低くなると予測を立てることができるだろう。

②**決定ルール**――全員一致ルールや過半数ルールなど表決で最終判断を下す際の決定規則は、案件の採択率に対して、話し合いのプロセスより直接的な影響をもたらす。たとえば、全員一致ルールは文字通り全員を必要とするため過半数ルールより厳しい基準であると見なすことができるだろう。ロバート議事規則では、話し合いを打ち切り表決に移そうとする動議が発せられる場合など、より厳しい基準を設ける必要がある際には、その動議に対して3分の2多数決を実施することが求められている（Robert III et al., 2000）。そもそも決定ルールは〈多数派〉の形成に直接影響しないものの、話し合いの状況によってはある決定ルールが適さない決定ルール（たとえば、非常に案件を通しやすい

ルール）となる可能性がある。よって本研究でも、過半数ルールとそれより厳しい決定ルールを検討対象として含めることとした。後述する条件を踏まえると、原理的に全員一致はあり得ないため、過半数ルールより厳しい基準として3分の2多数決ルールを設け、過半数ルール（以下2分の1多数決ルール）との比較を行う。

③**集団サイズ**――集団で話し合い、結論を出すことになると、個々人が最初に抱いていた意見より極端なものとなる（たとえば「やや反対」が「絶対反対」に、また「やや賛成」が、「絶対賛成」となる）極化現象（Storner,1968）が見られるが、その極化現象は、集団サイズが大きくなるほど、その傾向が強くなることが亀田によって指摘されている（亀田 1997）。その他、筆者らの研究結果にも見られたように、集団サイズによって効果が変化することがさまざまな研究によって示されている（足立・石川 2003; Kameda et al., 1992; Kameda & Sugimori, 1995）。生じる効果の程度を左右するということに加え、本研究で集団サイズを考慮しようとするさらに重要な理由は、それが発言権（発言の機会）の問題に関係すると考えるためである。同じ意見を持つ者が次々と発言することによって〈多数派〉の形成が促進されるが、会議では基本的に一回につき一人が発言するため、人数が多ければ次に同じ意見を持っている人が発言できるという保証はない。つまり、会議の時間も限られていることから、意見表明の機会をめぐる競争は集団サイズが大きくなるほど厳しいものになるはずである。こうした理由により本研究でも集団サイズを考慮し、採択確率への影響を併せて検討することとした。具体的には、集団サイズとして11人、17人、29人の三つの状況を想定し、集団サイズにより話し合いの結果が異なるかどうかについて見ることとなる。

研究の方法――コンピュータによる数値シミュレーション

次に、数値シミュレーションで用いたプログラムの内容について説明しよう。

集団の構成――話し合う以前にすでに多数のメンバーによって指示されている意見や選択肢は、話し合いをする・しないにかかわらず、全体の決定として採用されやすいことが、多くの研究により明らかになっている（Kameda, 1996; 亀田 1997 などを参照）。第1章でも触れたが、臨界事故を起こしたＪＣＯやリコール隠しを行った三菱自動車に見るように、組織内部で不正が行われる際、それを（積極的／消極的に）支持する多数のメンバーの存在があるだろう（茨城県検察庁 2000）。このような場合、違法な案件をそれに反対する少数派によっていかに阻止するかが問題となる。

これに対して本研究では、本来は多数のメンバーが反対意見を持っており、最初に多数決を行えば必ず否決されるはずの案件がそうはならずに最後に採択されるとしたら、それはどのような状況なのかについて見ている（逆に、多数が賛成意見を持ち、多数決を行えば案件が必ず採択されるという状況を想定することも可能だが、ここでは、反対意見を持つ側を多数派として見ていくこととした）。そのため、今回検討を行うためのシミュレーション上の集団のメンバー構成は、集団サイズによらず、反対派のメンバーが賛成派より常に一人多いという構成とした。これは、会議において無記名投票を行えば、必ず反対派が過半数を制し、案件は否決されるという状況にあることを表している。

表5-1　メンバーの発話態度

主導者	各派に１人ずつ。 賛成派の主導者は常に最初に発話（提案）するメンバーであり、反対派主導者は、賛成派主導者の後であれば、必ず発言する。
追随者	賛成派内に1～4人/反対派内に0～5人。 先に意見表明したメンバーの中に１人でも味方がいれば発言する。
日和見主義者	主導者と追随者を除いた残りのメンバー。 全発言中半数以上が自分と同じ意見なら発言する。ただし、全体として５人以上発言者が出現しない限り様子見を続け、発言しない。

メンバーの発話態度――会議のメンバーはそれぞれ、「主導者」、「追随者」、および「日和見主義者」という3タイプの発話態度のいずれかを持つものとした（表5‐1参照）。

（1）「主導者」は、どのような状況にあっても必ず発言するという発話態度を持つメンバーであり、賛成派（案件を提出し、その案の可決を支持する立場をとる）と、反対派（案の否決を支持する立場をとる）に一人ずついるものとする。この研究では、賛成派の主導者が案件を提出すると想定をしているため、賛成派の主導者は常に最初に発言するメンバーとなる。

（2）「追随者」は、自分と同じ立場の意見を述べるメンバーが一人でもいれば、それに追随して意見表明をする気になるという発話態度を持つメンバーである。プログラムでは、自分と同じ意見が一つでも出たらアクティブとなる（次に発言しようとするメンバーの候補者になる）ものとした。また、あるメンバーがアクティブ状態になった際、同様にアクティブ状態になっている他のメンバーが存在した場合には、その中からランダムに、次に発言するメンバーが選出されることとなる。また本研究では、賛成派・反対派の各派に存在する追随者の人数を、賛成派では1から4人、反対派では0から5人追随者が存在する状況を設定している（つまり、追随者の人数から会議の状況を分類すると、賛成派の追随者が1人で反対派の追随者が0人、賛成派追随者1人で反対派追随者1人……賛成派追随者4人で反対派追随者5人、つごう4×6＝24通りあることになる）。

（3）「日和見主義者」は、自分より先に、自分と同じ意見がどれだけ表明されたか様子を窺うという発話態度を持つメンバーである。プログラムでは、全発話者の半数以上が自分と同じ意見を表明していたら、アクティブになるように設定されている。追随者と同様に、同時に複数アクティブ状態になっているメンバーが存在した場合には、その中からランダムに次に発言するメンバーが選出されるようになっている。また、日和見主義者の場合には、自分以外のメンバーが選出され、その候補者が発言することによって状況が変われば（自分と同意見者の数が、全発言者数の半数以上でなくなれば）、次の発言候補者から降りることとなる。賛成派、反対派それぞれにいる日和見主義者の人数は、（賛成派あるいは反対派）グループ全体の人数から、主導者一人と追随者の人数を引いた残りの数である。

なお、各メンバーの発話回数は、一つの会議につき一度しか発言しないという前提になっている。あるメンバーが一度発話することにより、そのメンバーの意見（どちらを支持するか）が表明されたことになるため、その後の発話自体は〈多数派〉の形成にそれほど影響を持たないものと考えたためである。

表決時における同調――数値シミュレーションでは、表決をとる際の決定ルールに2分の1多数決ルールと3分の2多数決ルールのいずれかを用いることに加え、さらに次のような表決方法を想定している。先に述べたように、〈多数派〉が出現することにより、それとは異なる意見を持つメンバーは〈多数派〉の意見に同調しやすくなる。比較的「本音」を吐露しやすい無記名投票であれば、そうした傾向は緩和されるだろう。しかし本研究では、異なる意見を主張しにくい「挙手による表決」を想定することにした。そのように想定した上で、話し合いが終了した際に賛成派のメンバーがすべて話し終えたにもかかわらず、発話しないままに終わった反対派メンバー（日和見主義者）は、表決時に〈多数派〉である賛成派に同調するものとし、賛成派として扱われるものとした（賛成派のメンバーが発言せずに残っている場合には、もともと多数派だった反対派メンバーの意見が通る、すなわち、案件が棄却されることになる）。

以上、ここまでの内容をまとめてみよう。

（1）会議のメンバーは、あらかじめ賛成派、もしくは反対派に属している。

（2）反対派のメンバーは賛成派のメンバーより常に一人多くなっている。このため、無記名で投票すれば、いつでも必ず反対派の意見が通る（案件が棄却される）という状況となっている。

（3）各メンバーは「主導者」、「追随者」、「日和見主義者」の3タイプのうちのいずれかの発話態度を有している（各発話タイプについての詳細は表5‐1を参照のこと）。

（4）会議に参加しているメンバーの人数は、11人、17人、29人の三つの状況が設定されている。

（5）「追随者」は、賛成派には1人いる状況から4人いる状況まで4通りあり、反対派では0人いる状況から5人いる状況まで6通りある。また、各派に存在する「日和見主義者」の人数は、派の全体人数−（「主導者」1名＋追随者）となる。

（6）一つの会議につき、一人一度しか意見表明しない。

（7）次に発言しようとする候補者がいなくなった時点で話し合いは終了となり、表決に移る。その際の表決ルールは、2分の1多数決ルール、もしくは3分の2多数決ルールである。

（8）表決は、〈多数派〉の意見に同調しやすい「挙手」による表決方法で行う。したがって、発言しないまま話し合いの終了を迎えたメンバーは、〈多数派〉に同調する。

数値シミュレーション上の会議に見る案件の採択状況

ここでは、順次結果について述べていきたい（詳細は、足立ら2003）。本研究の目的は、〈多数派〉を利用する「ご異議ございませんか」という慣習的な手続きに見るように、〈多数派〉の形成と、その案件採択率への影響について探索的に検討すること、特に〈多数派〉形成に大きく関わる要因として、メンバーの発話態度を取り上げ、決定ルールや集団サイズを含めて検討することであった。

数値シミュレーションによって得られた結果を図5‐4～7に示す。図5‐4は、賛成派に追随者が1人いる状況を示している。そして横軸は、反対派の中に追随者が1人いる状況、2人いる状況……5人いる状況をそれぞれ表している。また、図5-5は賛成派に2人いる状況、図5-6は賛成派に3人いる状況、図5-7は賛成派に4人追随者がいる状況を示しており（つまり、図ごとに、賛成派方の追随者の人数が異なっている）、横軸は図5-4と同様に、反対派側にいる追随者の人数を表している。

図を順に見ていこう。まず図5-4で、反対派追随者が0人のところを見ていただきたい。このときの会議構成メンバーの状況を詳しく説明すると、次のようなものになる。まず、会議に参加しているメンバーが全体で11人であれば、反対派が必ず賛成派より1人多いので、賛成派は5人、反対派は6人いることになる。そして、賛成派側5人の構成は、追随者が1人の他に、主導者が1人、日和見主義者が3人というメンバーからなり、反対派側6人の構成は、主導者が1人、日和見主義者が5人、そして、追随者が1人もいないということになる。横軸の「反対派追随者の人数」が1人の部分では、反対派側には主導者1人・追随者1人・日和見主義者4人となり、横軸の目盛りごとに会議の状況が変わる（反対派側のメンバー構成が変わる）ことに注意してほしい。

メンバーの発話態度と案件採択率との関係——図5-4～7を見てすぐわかることは、反対派側に追随者が1人も存在せず、主導者以外のメンバーがすべて日和見主義者という状況では、賛成派メンバーが次々と意見を述べ、最終的に出された案件は１００％通ってしまうということである。また、反対派の追随者メンバーが1人しかいない場合では、その後の表決で可決されてしまう確率は低くて

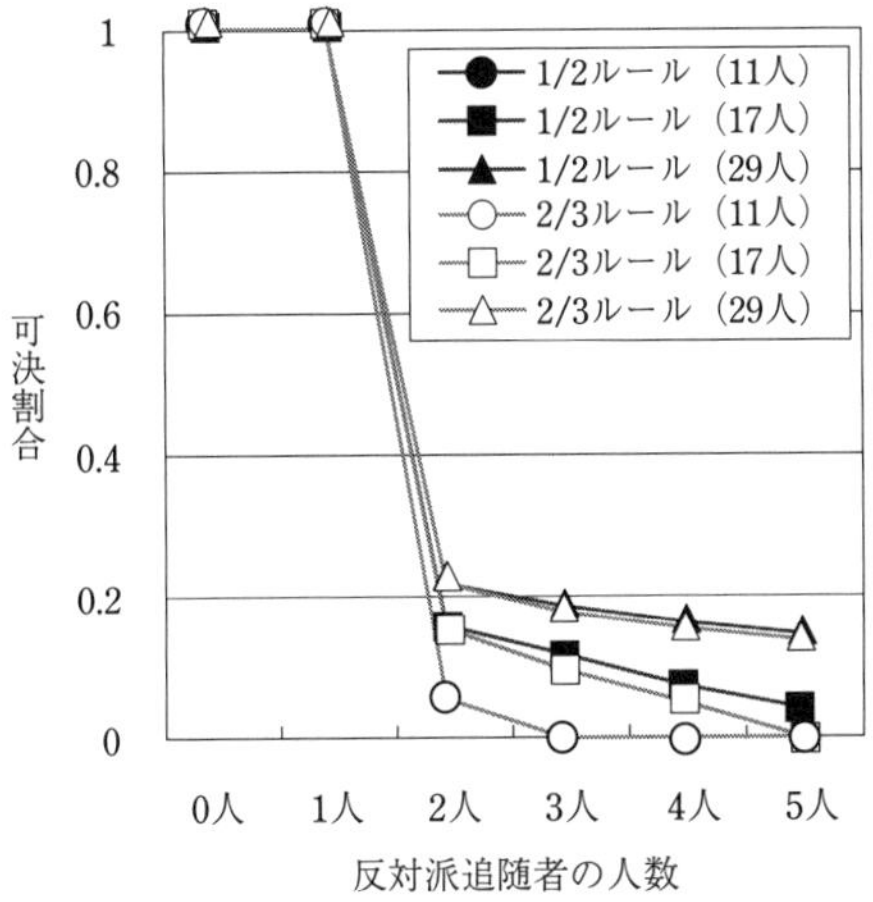

図5-4　賛成派追随者が１人のときの、反対派追随者の人数と案件採択率

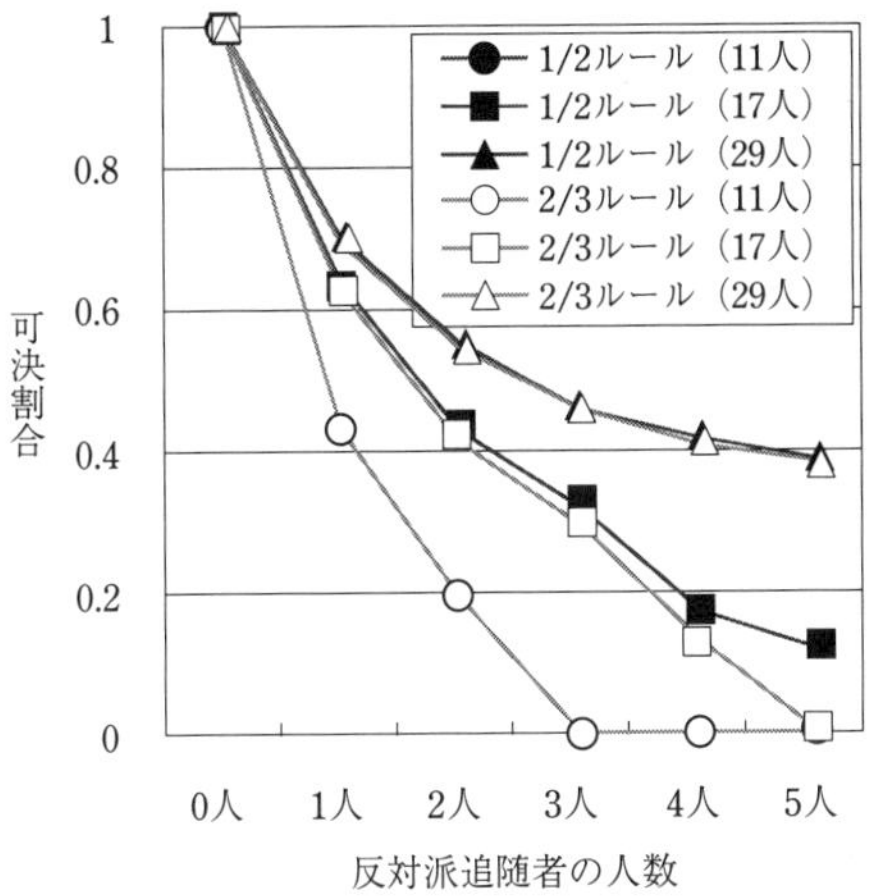

図5-5　賛成派追随者が２人のときの、反対派追随者の人数と案件採択率

も4割強あり、賛成派側に追随者が4人いる状況（図5-7）になると、案件の採択率は約9割にもなってしまうことがわかる。ここから、反対派に日和見主義者が多く存在し、反対意見に賛同を得にくい状況では、賛成派メンバーの賛成意見が会議中の発言の大部分を占めることとなり、日和見主義的な反対派メンバーはほとんど話す機会を与えられない（もしくは、発言することに動機づけられない）ことがわかる。こうした状況で案件を否決に持ち込むことの難しさが、この結果に示されていると言えるだろう。

集団サイズと案件採択率との関係——横軸の「反対派追随者の人数」が増えるほど、可決割合（案件が採択される確率）が下がるのが図5-4～7のどの図からもわかる。このように、採用すべきでない案件の採択確率を下げるためには、反対派メンバーにいる追随者を増やすことが重要である。しかし、この反対派の追随者の人数が増えることによる採択率低減効果は、集団サイズが大きくなるにつれて薄れることが、図5-5～7から読み取れる。特にそれが顕著に現れているのが、賛成派追随者が2人以上（図5-5～7）で集団サイズが29人の状況である。図5-5～7の29人の集団サイズに注目すると、賛成派側にいる追随者の人数と同じ、あるいは、それより多くの追随者がいる場合でさえ、可決割合は4割を下回ることがない。ともあれ、こうしたシミュレーションによる結果は、会議メンバーの人数が増えるにつれ、反対派側の追随者を増やして案件の採択率を下げることが徐々に難しくなること、つまり、賛成派より多くの追随者が反対派にいたとしても、集団サイズが大きくなるほど賛成派が優勢になりやすく、反対派メンバーの意見が表面化しないまま可決される可能性が高

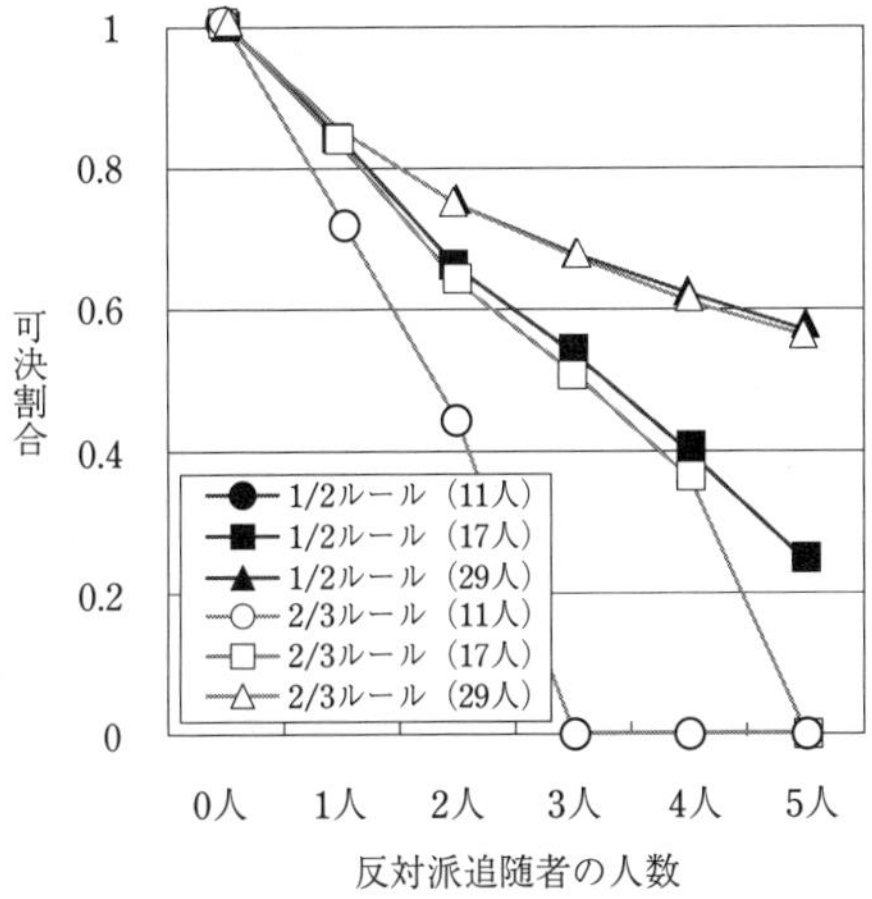

図5-6　賛成派追随者が３人のときの、反対派追随者の人数と案件採択率

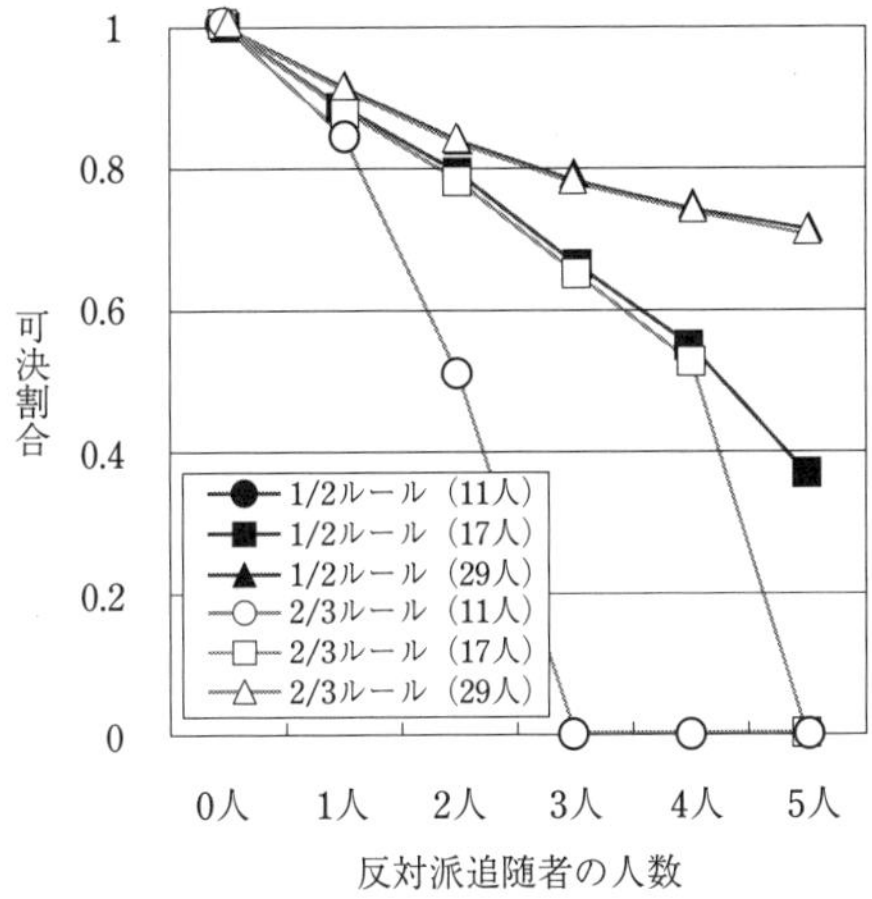

図5-7　賛成派追随者が４人のときの、反対派追随者の人数と案件採択率

くなることを示唆している。

決定ルールと案件採択率との関係——ところで、今回のシミュレーションでは、2分の1多数決ルールを適用した場合と3分の2多数決ルールを適用した場合とで、案件採択率に違いが見られなかった。そこで、シミュレーションの1ケース（ある1回の会議）あたりの非発話者（最後まで発言しなかったメンバー）の人数を調べたところ、反対派の非発話者が残るケースのほとんどは、賛成派が3分の2多数決ルールで案件を通すために必要とする人数を超えていることが明らかになった（たとえば、29人集団での賛成派・反対派追随者が4対4の状況を取り上げてみよう。このとき、〝浮動票〟となる日和見主義は、反対派に10人、賛成派に9人いる。3分の2多数決で〝勝つ〟ためには、全体のうちの20人が必要なので、賛成派の人数が14人であるこのケースでは、賛成派は少なくとも反対派からの同調者を6人確保する必要がある。これを踏まえた上で、反対派の非発話メンバーが6人以上見られたケース（会議）がどの程度あるか検討すると、シミュレーションによる全会議数の73・6％を占めることが判明した。この割合は、この状況での案件採択率を同時に表している）。

　つまり、発言せずに最後まで黙っている（最終的には、賛成派へと同調してしまう）反対派のメンバーが残っていたすべての状況において、適用される3分の2多数決ルールで求められるだけの人数を、賛成派は易々と手に入れることができた、ということになる。また、これにより（それより少ない人数しか要求されない）2分の1多数決ルールは機能していなかったことも判明したわけである。今回のシミュレーションに見るように、多くのメンバーが沈黙する状況においては、2分の1多数決ルールが案件採択の可否を決める基準として妥当かどうか、さらに検討する余地があることを示しているると言えるだろう。

◆今回のシミュレーション研究の課題と現実場面への応用

本節で紹介した研究は、会議状況と案件採択率への影響力を体系的に示し、同時に、こうした決定に関わる手続きが、不正行為容認への圧力に抗するための一資源として利用可能なことを明示することに貢献するものである。しかし、シミュレーションによる結果を一般化することには、当然ながら限界がある。以下ではまず本研究から引き出せる教訓と現実場面での具体的な対策について考え、次に、本研究の問題点と今後の課題を述べたい。

この研究から引き出せる教訓と現実場面への応用

今回の研究結果から、〈多数派〉の出現を阻止、あるいはせめて、その影響力を最小限にするための措置として、どのようなものを考えればよいのだろうか。これだけで十分とは言えないが、たとえば次のような議事規則を設けてみることが考えられる。

（a）発言を一巡させる。

（b）（（a）のように、人数が多く全員に発言する機会を与えることが難しい場合には）常に賛成派・反対派の意見発言の人数を考慮しながら発言内容のバランスをとる。

（c）すでに発言された内容と同じことの繰り返しになるような発言は控えるよう求める。

（d）発言の回数や時間について制限を設ける。

などである。なお、ここに挙げた（b）から（d）の措置は、実際にロバート議事規則の中に組み込まれている（Robert III et al., 2000）。また、（a）および（b）については、同調圧力が作用する可能性を排除できないことから、会議であれば職位が下の方から発言させるなどの配慮が必要であろう（Brown, 1988 などを参照）。

ところで、話し合いに臨む際に今述べたような規則に従ったとしても、表決時に〈多数派〉に加勢する決定手続きが待ち受けていることも考えられる。話し合いを経た後に、先に述べた賛成を所与のものとする「反対の方挙手願います」などの表決方法をとったとしよう。こうした表決方法は、表面的には反対派からの情報（反対者が存在するという情報も含め）を引き出す機会を与えているかに見えるものの、無記名投票による表決方法に比べて、反対派メンバー（特に日和見主義者）が意見表明する動機を下げるはずである（足立・石川 2003）。今回の研究結果では決定ルールの違いによる採択確率への明確な影響は見いだせなかったが、たとえばロバート議事規則においては、採択基準を厳しくするという了解の下、過半数ルールではなく3分の2多数決ルールを適用するように、問題に合わせて表決方法も替えることには重要な意味がある（佐伯 1980）。

次に、会議などの話し合い場面で〈多数派〉を出現させないために、現実場面でとりうる対策について考えてみよう。そもそも、〈少数派〉なくしての〈多数派〉はあり得ない。つまり、〈多数派〉が出現しないようにするために、たとえメンバーが〈少数派〉になったとしても、そのような立場に置かれた人々が発言しやすい状況をつくることが求められるのである。この点を念頭に置きつつ実践可能な対策を考えると、いくつかの選択肢が挙げられるだろう。

たとえば、集団、もしくは複数名での話し合い場面で、多数派（時に〈多数派〉）に対抗するべく個々人のコミュニケーション・パターンの改変を試みたり、ディスカッション技術を向上させることは、取りうる対策の一つである。ヘルメリッヒたちは飛行機のコックピットにおけるパイロットのコミュニケーションに関する一連の研究（CRM; Crew Resource Management）で、そこでのコミュニケーション・パターンが文化規範に少なからぬ影響を受けることを明らかにし、意志決定プロセスにおけるコミュニケーション・パターンの重要性について論じている（Helmreich & Merritt, 1998; Helmreich et al., 2001; Merritt & Helmreich, 1996）。

彼らが指摘するように、目上の者を立て相手の面子を大事にするという文化規範では、地位や年齢の低い方が自己主張し、上から言われたことに対して質問する（異を唱える）ことを良しとしない。そうした文化規範が広く共有されているところで、コミュニケーションを「円滑に進める」ことが目的であれば、この規範に従うのが最良の方法と言えるだろう。しかし、それは危機的状況であれば致命的なものとなりかねない。飛行機のコックピット内でこの規範に従う限り、危機的状況にあることを認めようとしない機長に目下の副機長が繰り返し警告し注意を促し続けることは難しいからである。同じような事態に陥らないためにも、個人だけでなく、参加メンバーを対象としたコミュニケーション・パターンを変えるための訓練や教育は、〈少数派〉や少数派が沈黙を破るための道具立てになるはずである。

その他、決定までのプロセスに関わる人数や、決断を下すまでに要する時間にもよるが、第2章で取り上げた、会議を効率的かつ円滑に進めるためのＧＤＳＳ（Group Decision Support System）や、ファシリテーターの活用も、検討するに値する選択肢として再度ここに挙げたい。

先に、〈多数派〉の生成を抑制するための議事規則としてどのようなものがあり得るかいくつか挙げたが、ロバート議事規則のように会議にまつわる諸手続きの整備も、少数派の声を引き出す有効な対策の一つだと言えるだろう。ロバート議事規則の「設計思想」は話し合いの効率性を高めることに加えて、少数派の意見が傾聴される権利の保障など、民主主義にある（もっとも、そのために多数派支持の決定結果が優先されることにもなる）（Robert III et al., 2000; Zimmerman, 1997）。また、ロバート議事規則では発言順序に従わず大きな声で意見を述べたり、人の話に割り込むことを禁じているが、これが「会議の作法」以上のものであることはもはや明らかだろう。

このように守るべきルールを明示することで、集団で話し合うことにより発生する阻害要因を制御しながら話し合いを効率よく進め、声の大きい多数派だけでなく、少数派のメンバーの意見や情報へのアクセスを確保する。そうした観点からすれば、議事規則はグループワークのための支援ツール〈道具〉そのものだと言える。他方、議事規則は、話し合いを支援する「道具」や「装置」ではあるものの、パソコンなどの物理的な（時に大掛かりな）装置を必ずしも必要としないことは、時に利点となるだろう。それに加えて、ルールを事前に明示しそれに従うことが常態化すれば、〈少数派〉あるいは少数派の立場にいる人であっても、必要以上の心理的負担を感じずに発言しやすくなることが期待できるだろう。

ただし、ロバート議事規則に見るように、ルールの種類が増えるにつれてルール同士の関係が複雑になり、実効性はあっても実践可能性の観点からはやや難ありとなる可能性もある。また、こうした議事規則が問題解決の特効薬になるわけではない。また、すでに指摘したように、ＧＤＳＳを用いた話し合いやファシリテーターを介在させる話し合いにおいても、決定手続きを含む議事規則を必要とする段階が必然的に含まれる。これらの選択肢は互いに排除しあうものでなく、相補的な関係にあり、組み合わせて用いられるものと理解すべきだろう。

いずれの方法にせよ、それが実際に採用され、果たすべき役割を期待どおり果たすかどうかという点は重要である。この点について石井は、グループウェアの設計にそれを使用するユーザーコミュニティの社会的・文化的特質を考慮すべきことを主張している（石井 1994）。その一つの理由として、組織における権限の分散のしかたや組織内での意志決定プロセスが欧米と異なるため、欧米型のＧＤＳＳをそのまま日本社会に持ってきても受け入れられにくいことを挙げている。この問題は、ＧＤＳＳに限らず、さまざまな制度や装置、ルール等を導入する場合にも当てはまる。日本の組織において生じやすい意志決定プロセス上の問題を明らかにし、それを回避・低減するためのしくみをどのように現場に組み込むか、これは今後の重要な検討課題でもある。

数値シミュレーション研究の限界と課題

数値シミュレーションを用いた今回の研究では、発言の機会を一人1回とし、会議で話し合いを行う時間は最長で全メンバーが話すところまで、としていた。しかし、通常の会議でも見られるように、同一メンバーが繰り返し発言するなど、発言回数は必ずしも一人あたり1回とは限らないし、また時間的な制約も状況により変わりうる。ある人物による発言の繰り返しは他メンバーへの同調圧力となる可能性があり、同時に時間を独占することにもなる。限られた時間内での発言機会の独占は他メンバーの発言機会を奪うことにつながるため、案件採択の可否に影響することは十分に考えられることだろう。時間的制約の程度は当然ながら、この問題に深く関わっている。

また、発言の機会は発言権とも絡む重要な問題である。シミュレーション上では、メンバーは他メンバーに邪魔されることなく順々に交代して発言する――メンバー間の調整がスムーズに行われている、と暗黙のうちに仮定されていた。こうした相互行為を扱うための方法論的アプローチとして会話分析を採用してきたエスノメソドロジー研究では、この発言権の問題を「順番取得システム」という枠組みの中で捉えている。そこで明らかにされたのは、自然発生的な会話のなかではしばしば発言が他の人の割り込みによって遮られたりすること、および発言権を譲り渡す相手や、続いて話されるべき内容が話し手によって決められるなどのミクロな権力作用であった（山田・好井 1991 などを参照）。自分とは異なる意見を持つメンバーの発言を遮ることや、同じ意見を持つメンバーに繰り返し発言権を渡すことによって〈多数派〉が形成されやすくなることは、容易に想像できるだろう。発言権の問題は、つまり、メンバー間の地位など、権力関係を含める必要があることを強く示している。

以上の問題に加えて、表決時の同調圧力の一律性の問題がある。本研究では、最後まで発言しなかったメンバーはすべて〈多数派〉に同調するというように、表決時にかかるメンバーへの同調圧力の程度を一律に扱っている。しかし、残りのすべての人が同じだけ心理的な圧力を受けるかというと、現実には必ずしもそうではないだろう。また、相手によって圧力の感じ方が異なることもあるはずである。ラタネとウルフの社会的インパクト理論（social impact theory）によれば、社会的な影響力は、①影響発信源の強さ（地位・権力・能力など）、②影響発信源の受け手との近さ（空間的・時間的な近さ）、③影響発信源の数の三要素が掛け合わされて決まるとされる（亀田・村田 2000; Latané & Wolf, 1981）。同調圧力や意見変化を組み入れる際には、意見が累積することによって生じる付加的な影響力も含め、こうした三つの要素を考慮することが必要であろう。

最適な会議モデルを求めて――シミュレーションを精緻化する

会議の健全性について議論する際には、会議のプロセスについて十分に考察する必要がある。また、あるルールを設定し、その効果を判定する際には、実際に模擬会議を行う必要があるだろう。しかしながら、あるルールの効果を調べるためには、数多くの模擬会議を行う必要があり、通常の会議を想定するなら、当然多大な労力と時間が必要である。

このような問題を解決するための手段として、コンピュータを利用した数値シミュレーション（以下シミュレーションとする）がある。コンピュータに模擬会議を行わせることにより、実際には1時間かかる会議でも、ほんの数秒で終わらせることができる。また、繰り返し模擬会議を行わせることにより、統計的にも信頼できる結果を得ることができる。

しかしながら、シミュレーションも万能というわけではない。シミュレーションにおいて問題となるのは、シミュレーション自体の信憑性である。どんなに速くて、統計的にも十分な解析を行ったとしても、シミュレーションに組み込まれた手続きに誤りがあれば、たちまちその結果は無意味なものとなり、まさに机上の空論となってしまう。

本節では、会議をシミュレートするにあたって考慮すべき手続きについて考察するとともに、シミュレーションの一例を簡単に紹介しよう。

◆会議の議事進行プロセスと意見の変容

一般的な会議の議事進行プロセスは、大まかに次のような三段階に区切ることができる。①審議すべき案件の提示、②案件に対する討論、そして、③採決である。もし、組織的な違反を対象とする場合、①の段階で提示される案件をすべて違法なものであると仮定すると、案件に賛成することは違反を奨励することであり、③の採決において否決されることが、健全な集団意志決定ということになる。しかしながら、現実には必ずしも③の採決において違法な案件が否決されず、最終的に組織違反に至るケースがあると考えられる。

そのような状況に対して、違法な案件の採択を阻止するために考えられる措置としては、

(i) ①の段階で違法な案件が提出されないようにすること。

(ii) 違法な案件が提出されたとしても、②の段階で、賛成派から反対派に意見を変えるよう同調圧力がかからない会議状況を実現すること。

(iii) 最終的に、③の段階で採択を阻止できるよう厳しい決定基準を設ける。

となるだろう。ここでは、違法な案件が提出されたという状況を仮定して、②および③の段階を取り上げ、特に②のプロセスについて詳しく説明する。

討論と意見の変容

先に述べたように、健全な会議において当然否決されるべき状況で、なぜ違法な案件が可決されるのだろうか。考えられる原因としては、上層部からの圧力や、巧みな話術など、さまざまな要因があるだろう。ここでは、考えられるすべての要因をシミュレートするのではなく、これらの要因が作用することによって起こる現象、すなわち、意見の変容に着目することとした (Helmut et al., 1996)。つまり、いかなる要因であっても、それが意見の変容を引き起こすために、最終結論が変わるのだと考えるのである。議論以前にすでに反対派が多数を占めている状況を考えた場合、話し合いのなかで(②段階)、あるいは、採択時(③段階)のどちらにおいても反対派の意見が変わらなければ、違法

な案件が可決されるという事態は起こりえない。しかし、反対派が同調圧力に屈したり、説得に応じることにより、この起こりえない事態が起こりうるのである。それゆえ、意見変容は、健全な集団意志決定を狂わす重要な要因であると言える。

意見変容のパターンについて少し補足すると、会議の出席者は少なからず他の出席者による発言に影響を受ける。会議では発言が繰り返され、出席者の意見は徐々に変化していくと考えられるが、その変化のしかたは一様ではないだろう。シミュレーションを行う上で、この変化のパターンを数式化する必要があり、このパターンの設定こそが、シミュレーションの成否を左右する大きな問題である。

発言による意見変容と個人差

他者の発言による意見の変容度合いについては、当然ながら個人差があると考えられる。個人差が発生する原因としては、特に次のような項目を挙げることができる（cf. 亀田・仁平 1993）。（a）地位の格差による影響、（b）所属や派閥による影響、（c）発言に対する同調や反発による影響。

（a）の地位の格差による影響は、最も顕著に表れると考えられる。特に、地位の高い者が発言したときに地位の低い者へ与える意見変容の度合いは、その逆の場合に比べてはるかに大きいはずである。また、（b）所属や派閥による影響では、自分と同じ班や部、課など、自分の属するグループ内の人が発言したときの意見変容度合いは、他のグループに属する人が発言した場合に比べて大きいと考えられる。さらに、（c）発言に対する同調や反発による影響では、自分と近い意見が出た場合、自分の意見から遠い場合に比べて意見変容の度合いが大きいと考えられる。逆に、自分との意見が離れすぎている場合、発言者の意見に近づくのではなく、むしろ遠ざかる場合もあり得る。

　これらの要素をシミュレーションで再現するためには、出席者の地位、所属、同調・反発の程度を個々に設定する必要がある。

出席者の態度と発言の順序

　通常の会議では、順に意見を述べていくことになるが、その順序にはある一定のパターンが見受けられる（Stasser & Vaughan, 1996）。それは、会議への関心が強い者から順に発言してゆくというパターンである。出席者の態度に関しては、次のように分類できると考えられる。まず、会議における出席者は、程度の差はあるが、賛成派と反対派に分けることができるだろう。さらに、賛成派と反対派のそれぞれの各派閥の中において、会議に最も積極的に参加する「主導者」、主導者の意見を支持する「追随者」、あまり会議に関心のない「日和見主義者」に分類することができる。したがって、出席者は二つの派閥と三つの態度から、6グループに分類されることになる。

　発言の順序としては、主導者が積極的に話を進めることになるが、追随者や日和見主義者も発言する可能性がある。追随者が発言する場合を考えてみると、あえて積極的に発言はしないが、状況によっては発言する意志があるという態度で会議に臨み、ある条件がきっかけで発言すると想定できる。同様に日和見主義者が発言する状況について考えてみると、自発的に発言する気はないものの、人から発言を促されたり、自分にとって有利な状況になった場合であれば発言すると想定できるだろう。

　以上から、出席者の態度と発言の関係について考察すると、主導者は常に自発的に発言する「意志」があるが、追随者や日和見主義者にはそのような意志がなく、会議の状況次第で発言する意志が発生すると考えられる。発言の意志が発生する具体的な例については、後で詳しく述べる。

採決における意見の変容

討論の間に意見の変容が起こりうることは先にも述べたが、採決においても意見の変容が起こりうると考えられる。具体的な例を挙げると、採決の際に「反対の方、挙手願います」と言われると、案件に対して関心の薄い出席者や、地位の低い出席者にとっては、挙手しにくい場合がある。これは、採決手続きによる無言の圧力によって手を挙げにくい心境になり、（真意はともかく）意見の変容が起こったためであると考えられる。したがって、シミュレーションでは、採決における意見の変容も考慮する必要がある。

◆意見変容モデルとパラメータの数値化

次に、実際のシミュレーションを構築する過程について説明する。先述したように、会議において参加者の意見変容が起こると仮定した。意見変容をシミュレートするためには、「意見変容モデル」を構築する必要がある。「意見変容モデル」とは、会議中において他の出席者の発言に影響され、聞き手である他の出席者の意見が変容していくモデルである。すなわち、出席者は提案された案件に対する「意見」を数値パラメータとして持ち、その「意見」が他の出席者の発言によって変化する。

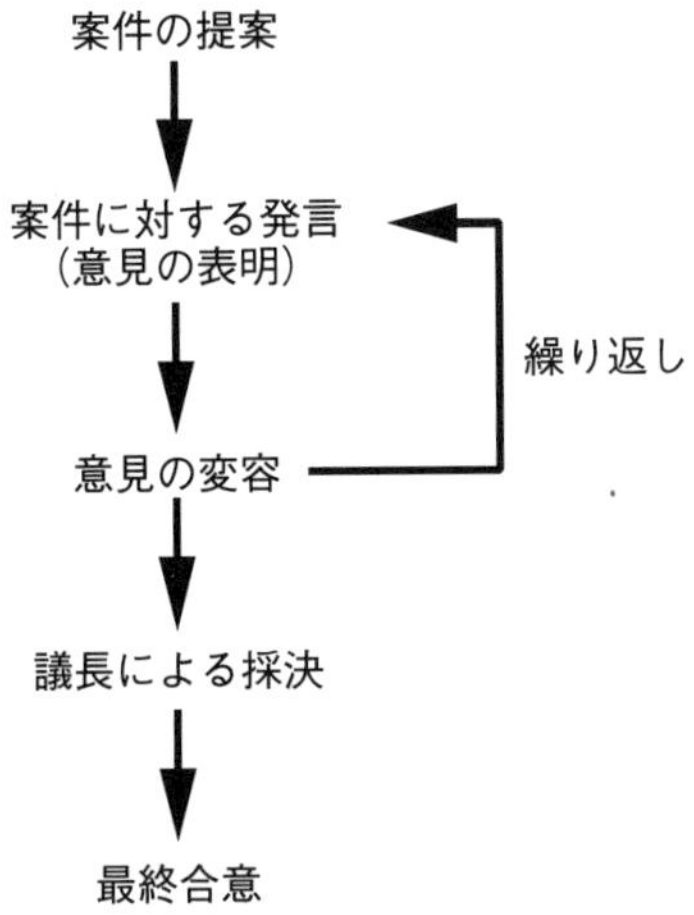

図5-8　意見変容モデルのフローチャート

シミュレーションでは、図5・8に示すフローチャートに従い、会議のなかでは発言者の「意見」が表明されていると仮定して、発言者の「意見」と、聞き手である他の出席者それぞれの「意見」の違いの差から聞き手である出席者の「意見」の変化度合いを決定する。このシミュレーションでは、ある出席者の意見の表明と、その意見の聞き手となる出席者たちの意見の変容を規定回繰り返し、採決によって最終合意に至るものとする。

シミュレーションで用いるパラメータ

シミュレーションでは、さまざまなパラメータを用いて、より詳細な検討を行うことができる。しかし、その一方で、パラメータを無駄に増しすぎると、自由度が高すぎるために、パラメータの設定が困難となる。そこで、今回紹介するシミュレーションでは、代表的なパラメータとして、次の六つのカテゴリーを設定した。

（ｉ）**意見（賛成度合い）**――今回のシミュレーションで最も重要なパラメータが、会議の出席者それぞれの意見である。シミュレーションでは、出席者の意見を案件に対する賛成度合いとして定義すると、賛成を1として、中立を0、反対をマイナス1とすることによって連続な値とすることができる。

（ii）**個人間の影響**――先述のとおり、会議で人が発言したとき、そこで表明された意見から受ける影響の度合いは各個人間ごとで異なるはずである。また、同じ人同士でも、意見を述べる側と聞く側の立場が逆になれば、やはり影響の度合いは異なるだろう。したがって、影響の度合いについては、各個人間の双方向について定義する必要がある。たとえば、出席者が5人だった場合、自分を除いた4人に対して影響を及ぼすことになるので、5×4＝20個の影響マトリックスができる。このように各個人間の影響度合いを設定することにより、地位や所属の影響などについても柔軟に取り込むことができる。

（iii）**賛成・反対の人数**――今回のシミュレーションでは、本来、否決されるべき案件を扱う会議のシミュレーションを想定しているので、反対派の人数が賛成派の人数を上回るように設定する方が自然であると考えられる。また、反対派の人数が多いと言っても、反対多数からほぼ互角まで、その比率にはさまざまな場合が考えられるので、賛成派と反対派の人数比についても自由に設定できる方が良いだろう。

（iv）**賛成・反対の意見平均と分散**――会議における賛成・反対それぞれの派閥内の各参加者が、案件に関してどの程度賛成、もしくは、反対しているか、その意見にはある程度の広がりがあると考えられる。そこで、図5・9に示すように、その意見の分布が正規分布であると仮定し、意見の初期値をこの分布に従ってランダムに振り分けることによって、意見の分布を表現することができる。

（v）**出席者の態度に関するしきい値**――先述のとおり、このシミュレーションでは、出席者の態度を「主導者」「追随者」「日和見主義者」の三つに分類するモデルを用いている。そこで、意見の初期値に乱数を用いる際、図5・10に示すように、意見の絶対値が最も大きい者を主導者、最も小さい者を日和見主義者、その中間を追随者とし、それぞれの境界を決めるためのしきい値を設定した。すなわち、1に最も近い者が賛成側の主導者、マイナス1に最も近い者が反対側の主導者となる。同様に、賛成・反対それぞれにおいて、中立に近い者が日和見主義者であり、その中間が追随者と定義した。

（vi）**発言の意志**――会議において発言する際には、発言意志が大きく関わっている。発言意志がない人は、人に促されない限り発言しないだろう。そこで、発言に関するパラメータとして、出席者には発言意志がある「アクティブ」と発言意志のない「スリープ」の二つの状態を考えた。たとえば、「主導者」は、会議に最も関心が高く、常に発言する意志があるので、常にアクティブ状態にあると考える。「追随者」および「日和見主義者」は、最初は積極的に発言する意志がなく、スリープ状態にあるが、会議の流れのなかでアクティブ状態になったり、スリープ状態に戻ったりすると考えるのである。

次に、「追随者」や「日和見主義者」がアクティブやスリープになる条件として、次の八つを想定した。

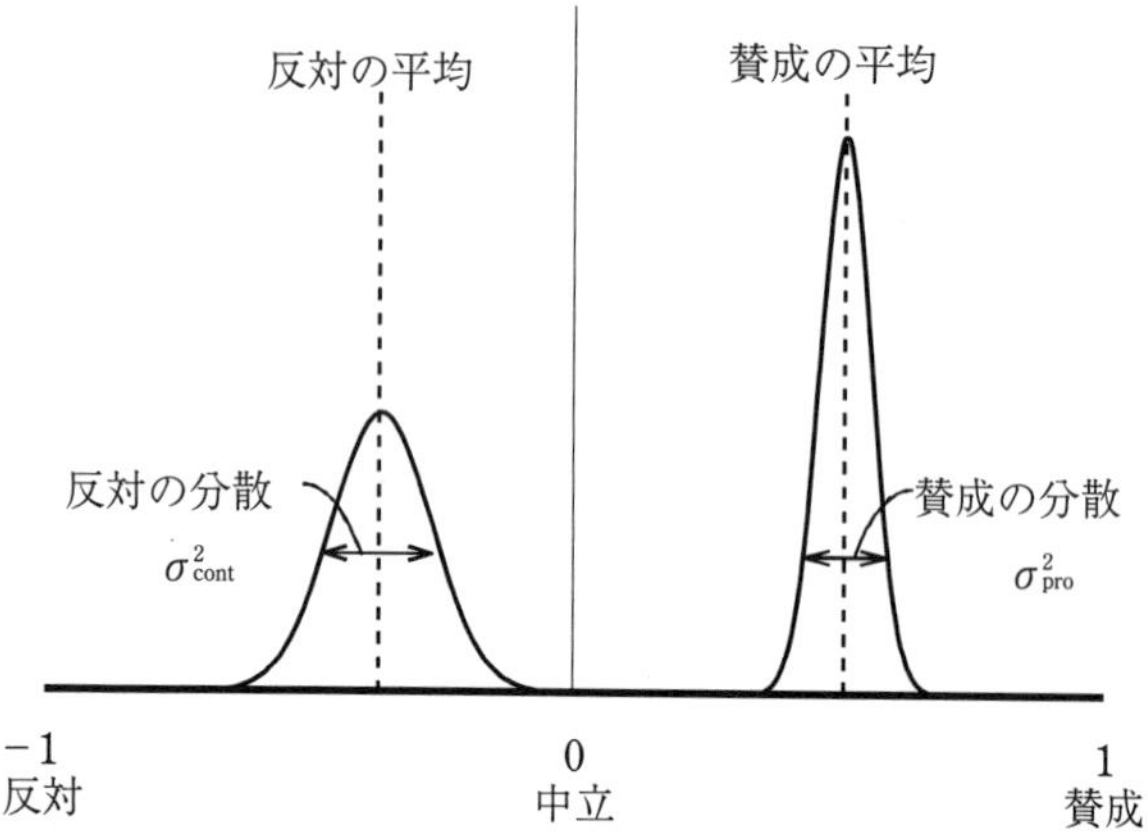

図5-9　賛成・反対の人数分布

賛成派と反対派それぞれは、独立な正規分布による広がりのある意見を持った集団と考える。

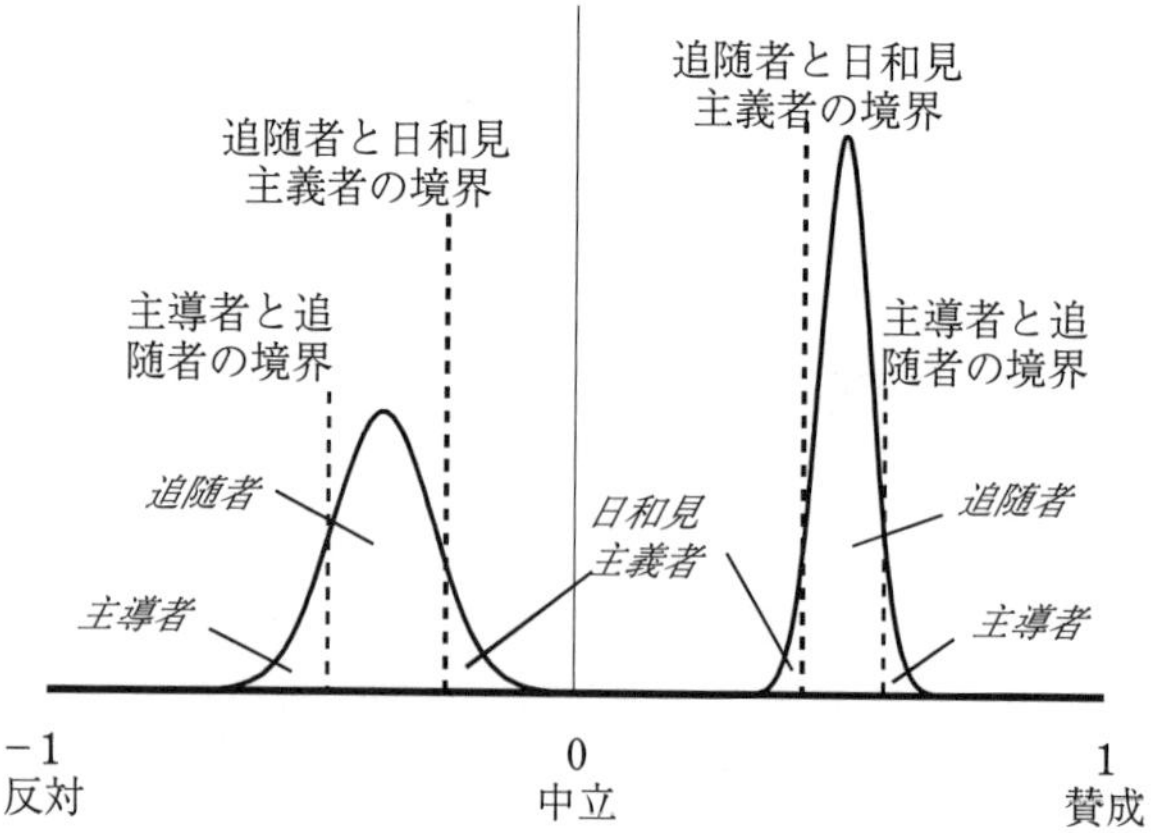

図5-10　出席者の態度に関する境界に関する定義

主導者は各派閥で最も強く反対または賛成している者と定義し、意見が中立になるに従って追随者、日和見主義者と定義する。

（a）アクティブ（発言意志あり）からスリープ（発言意志なし）へ遷移する条件

①自分と同じ意見が表明された

②自分と異なる意見が表明された

③自分と同じ意見が多数派になった

④自分と同じ意見が少数派になった

（b）スリープ（発言意志なし）からアクティブ（発言意志あり）へ遷移する条件

⑤自分と同じ意見が表明された

⑥自分と異なる意見が表明された

⑦自分と同じ意見が多数派になった

⑧自分と同じ意見が少数派になった

ここで、①と⑤、②と⑥、③と⑦、④と⑧はまったく同じ条件であるが、それは、出席者によってこれらの条件がまったく正反対に働く可能性があるためである。たとえば、「自分と同じ意見が表明された」とき、自分と同じ意見が出たから、あえて同じことを言う必要はないだろうと思えば①、賛同して自分の意見も表明する気になったら⑤となる。同様に、「自分と異なる意見が表明された」とき、反発して意見を述べるならば⑥、あえて反対意見を述べることを避ければ②といった具合である。③と⑦、④と⑧についても、まったく同じ論理で考えることができる。

以上のパラメータについて、出席者それぞれについて、どの条件が当てはまるかをあらかじめ設定し、シミュレーション実行中は、発言に対する意志のアクティブ、スリープの状態のみが変化すると仮定した。

数式としての意見変容モデル

会議シミュレーションにおいて、最も困難を伴うのが意見変容の数式化である。仮に意見変容の度合いが各個人の間で設定できたとしても、それがどのようなプロセスで影響を受けていくかについては未知である。今回ご紹介するシミュレーションの例では、次の四つのパターンを想定し、会議のシミュレートを試みることとする（モデルの詳細は表５-３を参照）。

（ｉ）発言者の意見に近づくモデル
（ii）賛成・反対に近づくモデル
（iii）許容範囲なら近づくモデル
（iv）意見の差に応じて近づくモデル

議決の種類

会議における議決方法の種類は多くあるが、会議の議事進行プロセスの③（採択段階）で用いられる決定ルールとして、本シミュレーションでは、最も一般的であると思われる多数決および全員一致ルールを適用することとした。ただし、多数決では、出席者の過半数で可決とする2分の1多数決に加えて、より厳しい決定基準となる、出席者の3分の2を超える票が必要な3分の2多数決の二種類を用意した。先に述べたデフォルトバイアスによる影響は、解釈が複雑となるので、今回のシミュレーションでは取り入れなかった。

◆シミュレーションの実行例

パラメータの設定

以上の過程を踏まえた上で、実際にシミュレーションを行ってみる。各パラメータの諸設定は、表5-3のとおりである。

図5-12に示す結果のグラフは、1万回行ったシミュレーションの中から典型的な結果を一つ選び出したものである。

シミュレーションの結果と検証

まず、「発言者の意見に近づくモデル」の結果であるが、図5-13を見ると初期の意見変容が大きく、すべてのシミュレーションにおいてほぼ中立という結論に至るという結果となってしまった。一方、「賛成・反対に近づくモデル」では、図5-14に示すように、意見が極端に変動するため、結論は極端な賛成または反対となっている。これらのモデルは、実際の会議をうまく再現できていないか

（ⅲ）許容範囲なら近づくモデル

基本的には「発言者の意見に近づく」と同じであるが、自分の意見（P_i^n）と発言者の意見（P_s^n）の差が、許容範囲R_i以内であれば影響を受けるモデル。すなわち、自分の意見に近い時のみ影響を受け、許容範囲を超える意見には影響を受けない。

$|P_s^n - P_i^n| \leqq R_i$ のとき

$P_i^{n+1} = P_i^n \cdot (1 - I_{sj}) + P_s^n \cdot I_{sj}$

$|P_s^n - P_i^n| > R_i$ のとき

$P_i^{n+1} = P_i^n$

（ⅳ）意見の差に応じて近づくモデル

許容範囲なら近づくモデルでは、許容範囲R_iを境にして不連続に影響度合いが変化するのに対し、このモデルでは、影響度合いが連続的に変化する。図5-11に示すように、発言者と聞き手の意見距離（意見差の絶対値$|P_s^n - P_i^n|$）を変数とする反比例関数を定義し、それを補正係数とした。この補正係数により、自分の意見と発言者の意見が遠いほど発言の影響を受けにくくなる。

$P_i^{n+1} = P_i^n + (P_s^n - P_i^n) / (|P_s^n - P_i^n| + 1)^W \cdot I_{sj}$

ただし、Wは補正係数の効果を決める定数。

表5-2　意見変容モデル

(ⅰ) 発言者の意見に近づくモデル

自分の意見と発言者の意見の間に妥協点を見出し、その妥協点に意見が変容モデル。会議においてn回の発言があったときのiの意見をP_i^nとすると、自分の意見（P_i^n）と発言者の意見（P_s^n）を両端として、影響度合い（I_{sj}）で内分した位置に意見が変容する最も単純なパターンを、次のように表すことができる。

$$P_i^{n+1} = P_i^n \cdot (1 - \mathrm{I}_{sj}) + P_s^n \cdot I_{sj}$$

このモデルでは、聞き手の意見が、発言者からの影響度合いに正比例して発言者の意見に近づく。

(ⅱ) 賛成・反対に近づくモデル

（ⅰ）の発言者の意見に近づくモデルでは、発言者の賛成度合いを発言のニュアンスから聞き手が理解すると仮定している。しかし、現実には、発言者がどの程度賛成しているのかを数値化することは難しい。そこで、発言者の意見を賛成（1）または反対（-1）として捉えると、自分の意見（P_i^n）と発言者の意見をその絶対値で除算した値（$P_s^n / |P_s^n| = 1 \text{ or } -1$）を両端として、影響度合い（$I_{sj}$）で内分した位置に意見が変容するモデルができる。

$$P_i^{n+1} = P_i^n \cdot (1 - I_{sj}) + \mathrm{P}_s^n / |P_s^n| \cdot I_{sj}$$

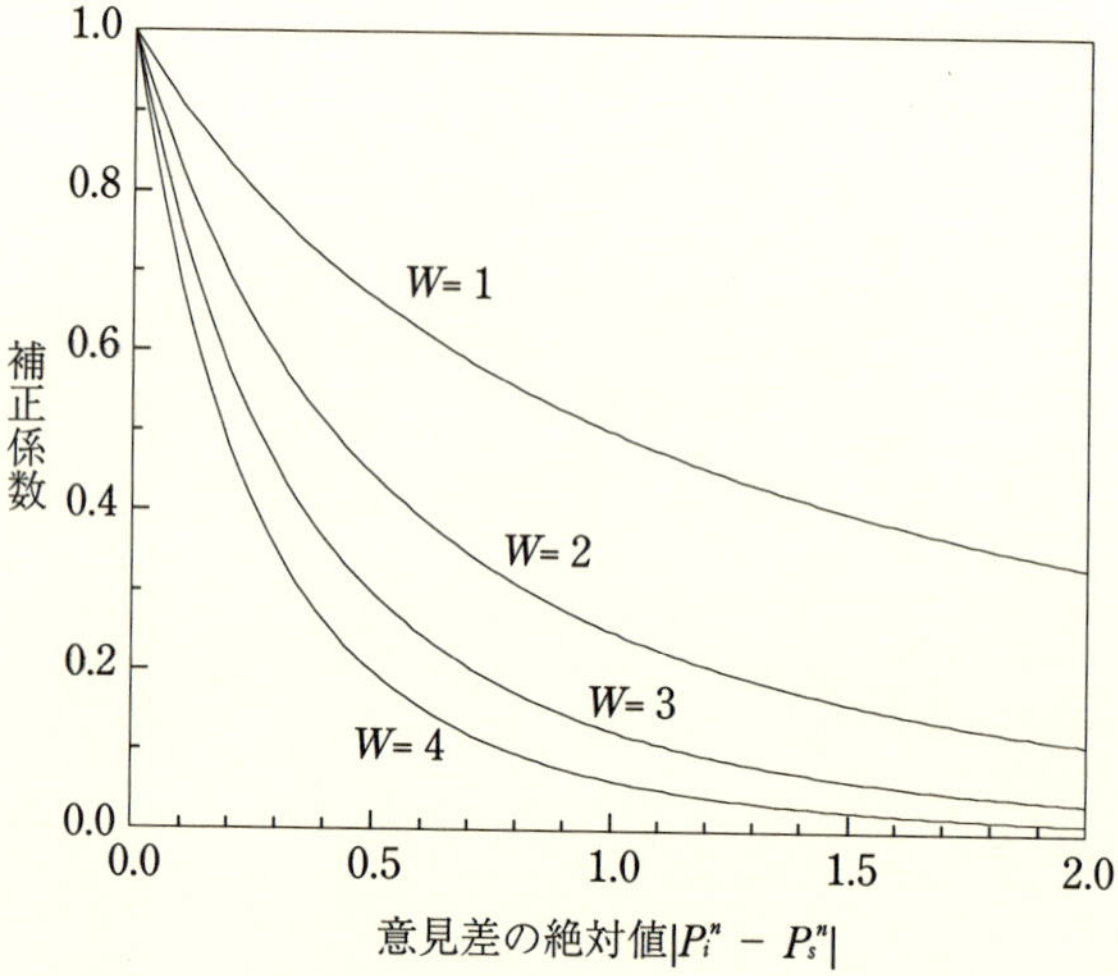

図5-11　補正係数の特性

*W*の値が大きくなるにしたがって補正の効果が大きくなる。

もしれないが、シミュレーションの結果から、会議の結論は最初に発言された意見に大きく影響されることがわかる。

次に、「許容範囲なら近づくモデル」の結果を見ると、上記の二モデルでは、賛成派・反対派の意見が収斂していくのに対して、図５・15に示すように、このモデルでは、許容範囲を広くとらない限り意見が反転することはなく、事実上和解しないという結論に至ることが明らかになった。

「距離に応じて近づくモデル」では、図５・16～図５・18に示すように、副パラメータ***W***の大きさによって意見変容の挙動が異なることが見て取れる。ここでは、副パラメータ***W***の値を1、1.5、2と変化させている。図５・11にも示したように、***W***の値が大きくなればなるほど補正の効果は大き

表5-3　シミュレーションのパラメータの設定

会議の出席者

賛成４人（意見平均0.5、分散0.04）

反対５人（意見平均 −0.8、分散0.0025）

合計９人。反対派の方が多数派となるように設定（図5-12参照）。

地位

上・中・下の３ポジション。

影響度合は、所属に関係なく、

同じ地位の場合0.3

上→中 0.4	上→下 0.5
中→上 0.2	中→下 0.4
下→上 0.1	下→中 0.2

出席者の態度

賛成側・反対側ともに主導者と追随者それぞれ1人ずつ、のこりは日和見主義者。

主導者は常にアクティブ状態。

追随者は、「同じ意見が表明」あるいは「自分と同じ意見が少数派」となった時にアクティブ状態となるように設定。

日和見主義者は、「自分と同じ意見が多数派」となった時にアクティブ状態となり、「自分と同じ意見が少数派」となった時にスリープ状態となるように設定。

その他の設定条件

１会議における会話数を20回とし、会議の試行回数を1万回としてシミュレーションを行った。

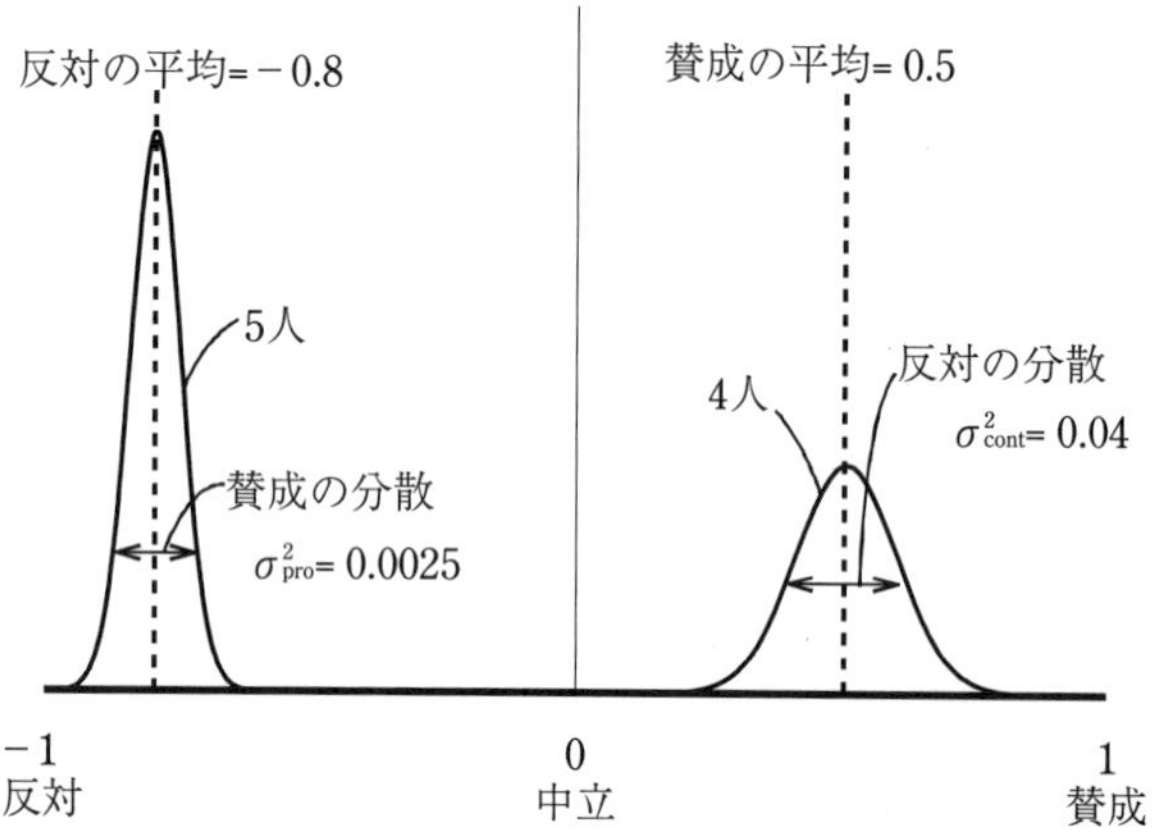

図5-12　シミュレーションにおける賛成・反対の意見分布

くなる。したがって、図5‐16～図5‐18までを比較すると、図5‐18の方が意見の歩み寄りが少ないことがわかる。現時点ではパラメータWについて最適な値を述べることはできないが、自分の意見と発言者の意見の差が大きいほど、発言者の意見を受け入れがたいという心理パターンを再現していると言えるだろう(cf. Hovland, Harvey, & Sheriff, 1957)。

以上の考察から、発言者の意見に近づくモデル、賛成・反対に近づくモデル・許容範囲なら近づくモデルは、会議のシミュレーションとするには不十分かもしれないが、距離に応じて近づくモデルは、パラメータの値次第では、現実に近いシミュレーションが行える可能性を持っていると考えられる。しかしながら、シミュレーションのみでパラメータの値を決定することは現実的ではないので、実際の会議を模擬した実験によるパラメータサーベイする必要があるだろう。

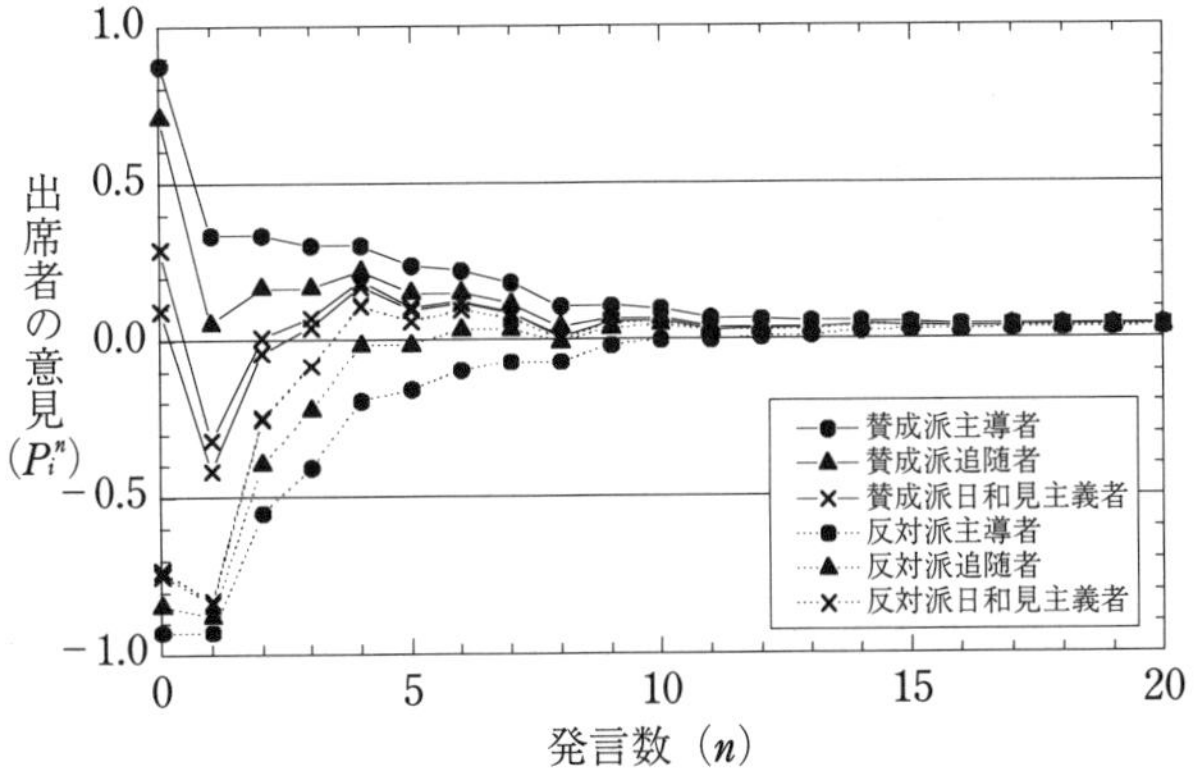

図5-13　発言者の意見に近づくモデル

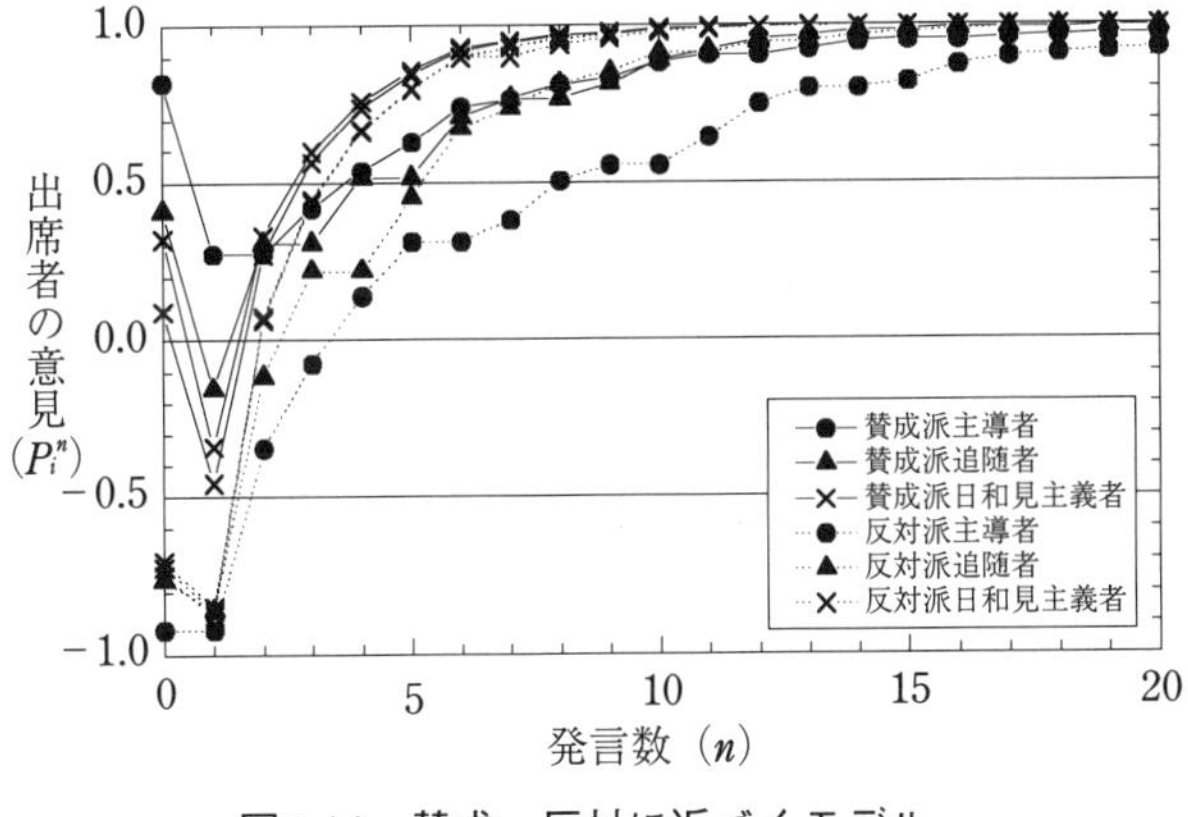

図5-14　賛成・反対に近づくモデル

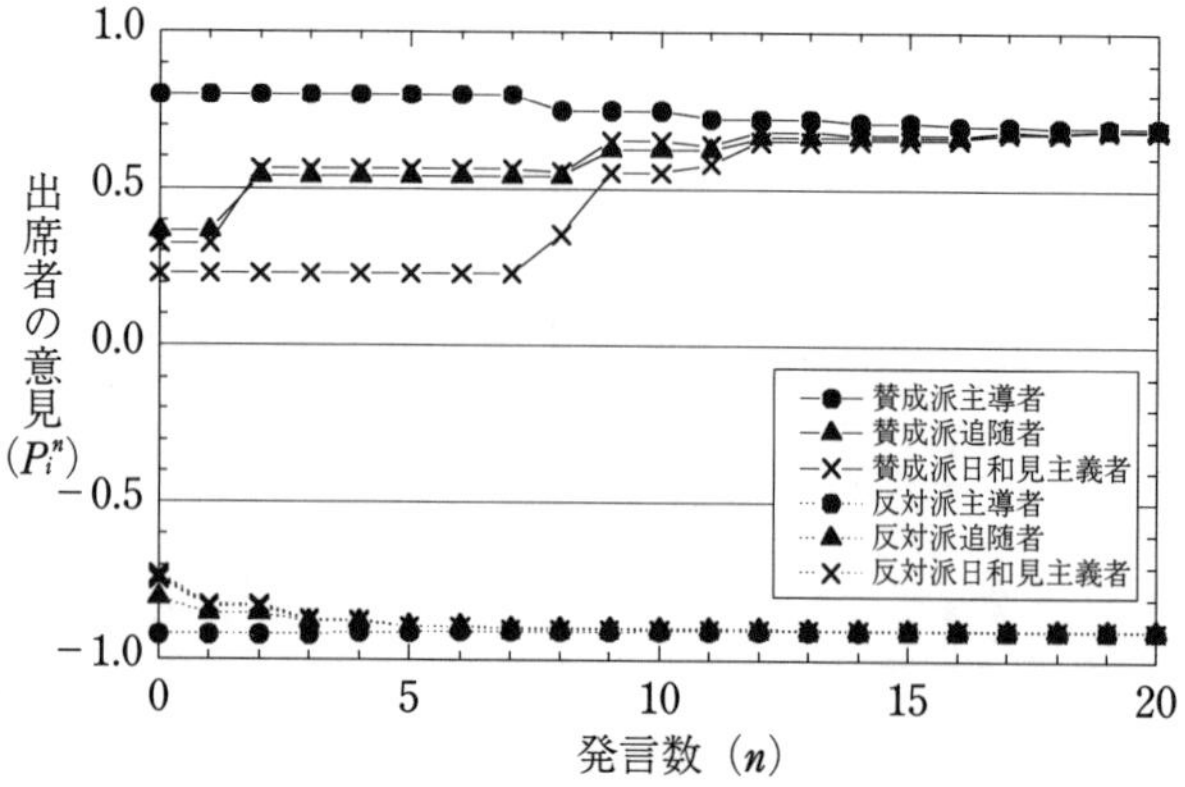

図5-15　許容範囲なら近づくモデル

◆シミュレーションの意義

本節で紹介したシミュレーションの例は、必ずしも実際の会議をシミュレートしていないだろう。前述のとおり、シミュレーションは所詮模擬試行であり、会議を完全に再現することはできない。

しかしながら、条件をさまざまに変化させながら出力された結果を適切に解析することによって、ある設定されたルールに対する効果の範囲を予測することができるはずである。このことは、違反を抑止するためのルールが多数提案された際に、実際に検証すべきルールの優先順位を決めるのに役立つだろう。

また、十分に考慮されたシミュレーションでは、次のような使い方も考えられる。第Ⅱ節でも述べたように、ある会社における会議を模擬することにより、その会社の会議手続きについて健全性を評価することができる。こうして評価された結果を、会社の認定制度

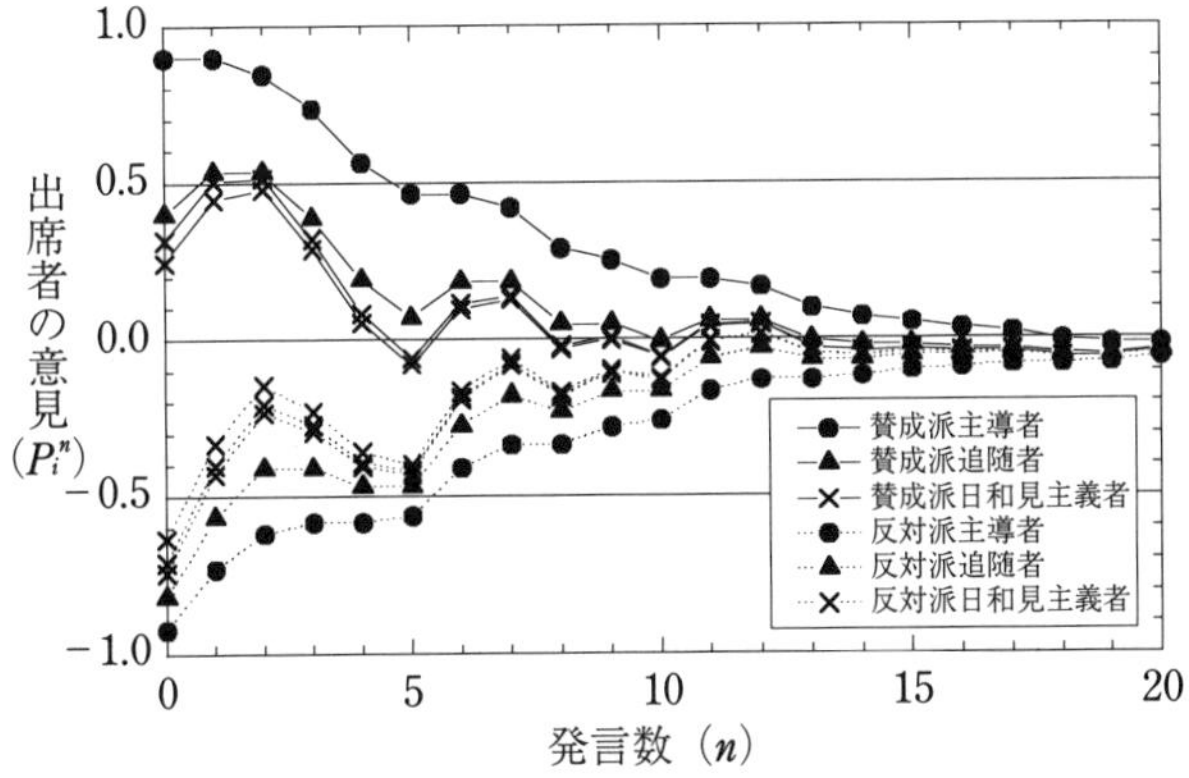

図5-16　距離に応じて近づくモデル（W=1）

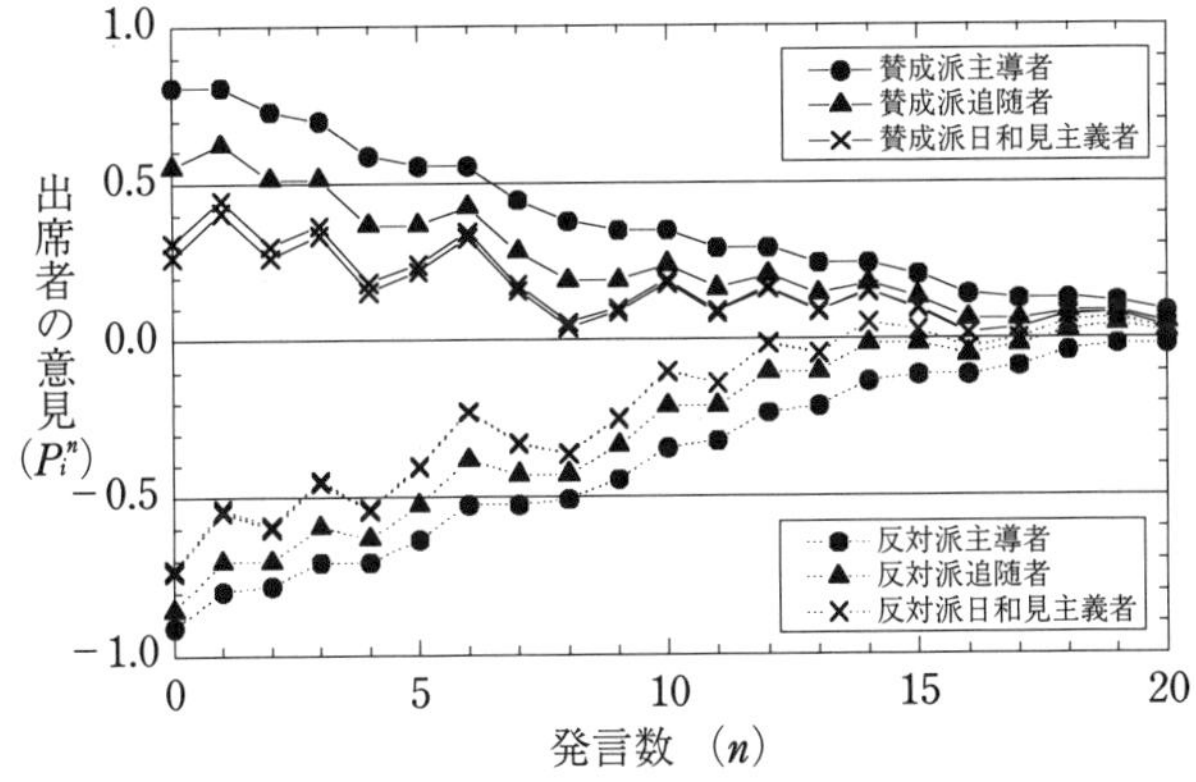

図5-17　距離に応じて近づくモデル（W=1.5）

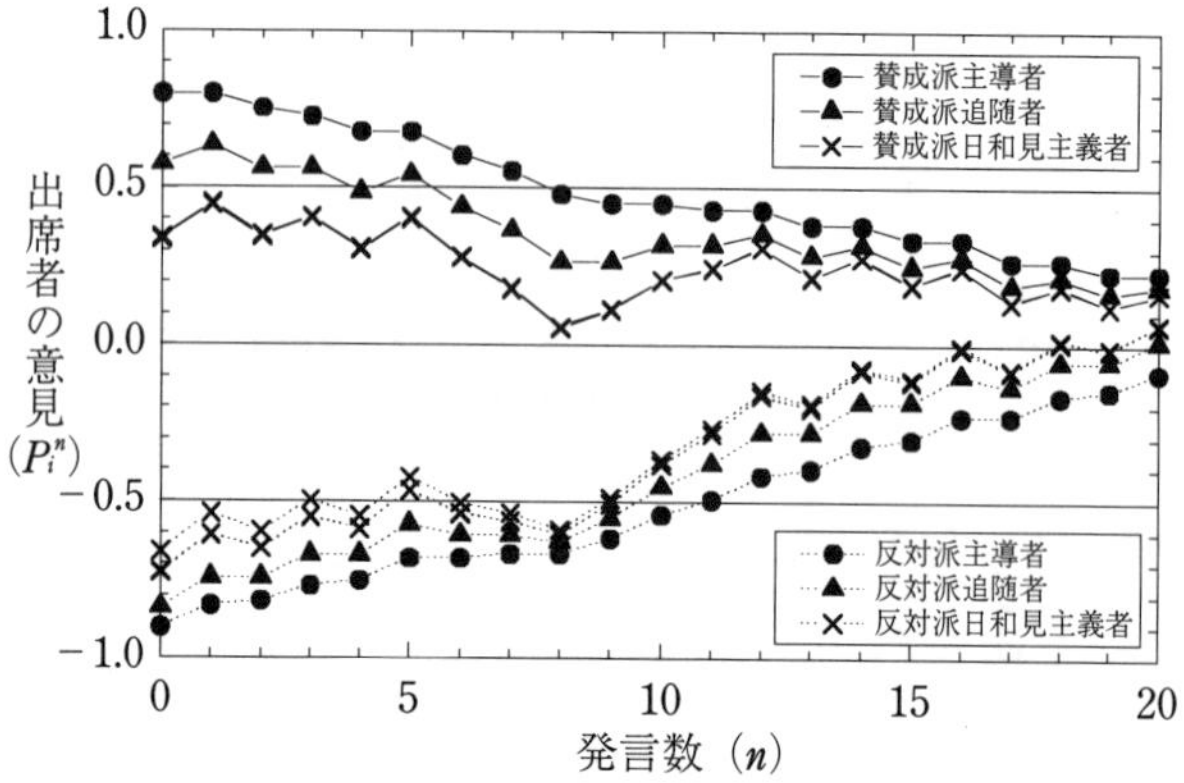

図5-18　距離に応じて近づくモデル（W=2）

に取り込むことにより、高度な認定制度となるだろう。

◆おわりに

シミュレーションにおけるモデルの是非については、実証データをもとに妥当性を確認する必要がある。基礎的なパラメータを実験的手法で求め、提案されたモデルを用いてさまざまなパラメータでシミュレーションを行い、実際の事件と同様の条件と近くなるようにパラメータの範囲を決定することは、大変重要である。そのパラメータの範囲から、現実社会における健全な意志決定のあり方（たとえば、部下から上司への意見変容度合い、すなわち、上司がどの程度部下の意見に耳を傾けるべきか、など）について提言し、社会を大きく裏切るような重大事件の再発を防止できれば、十分シミュレーションの意味があると言えるだろう。

第Ⅲ部　決定手続きと組織

Ⅲ部では、Ⅰ部、Ⅱ部の知見を現実社会に活用する視点をまとめる。監査役が機能しにくい実情や、現実の会議で意志決定手続きが軽視される背景に理論的視点から光を当てる。そして、具体的にどのように活用することが可能かについて考える糸口となることを意図している。

第6章　決定手続きの効用

決定プロセスの健全性への社会的要請

近年、企業における意志決定手続きの健全性や適正性がこれまでになく注意を払うべき対象となりつつある。たとえば、株主代表訴訟での司法判断では、取締役会その他の実質的な経営判断を行う経営会議や常務会での決定が十分な情報収集や議論が行われた上でなされたかどうか、適切な意志決定プロセスに基づいた上での合理的な判断なのかどうかが重視されるようになってきた。つまり、判断の妥当性や合理性を示す材料として、その判断によってもたらされた結果ではなく、適切な決定プロセスを経たかどうかが取り上げられるようになってきたのである。

また、そうした流れを反映して、意志決定過程が合理的であるかどうかということが、監査し検証すべき観点であるとして、監査役基準の中にも明文化されるに至っている（家近ら 2004）。会議などの決定手続きは、実質的な話し合いによる検討や、状況把握に必要な情報を共有することに深く関わっており、したがって決定手続きは意志決定プロセスの一部を構成している。決定手続きを検討することは、こうした社会状況に照らしてみても重大な意味を持つと言えるだろう。

現時点ですでに会議運営に関する議事規則や決定手続きがそれなりに整備されているから、我が社は問題ないと思う人もいるかもしれない。しかし、第4章や第5章で見てきたように、一見したところ適正な決定手続きであっても、その実、情報共有を妨げ反対意見の表面化を阻み、不正な案件を通しやすい決定手続きである可能性があることを念頭に置いておくべきであろう。

たとえば、取締役会議などの話し合いの後「ご異議ございませんか」に代えて表決をとる、投票を行うという決定方法は通常あり得ないし、そうした決定のしかたはそのような場に馴染まないとする見方がある。しかし、「ご異議ございませんか」によって結論を下す方法がしばしば暗黙の同意を求めるものとなりうることは、先に示したとおりである。本書の主旨に即して付言すれば、「ご異議ございませんか」に代えて多数決や投票という決定方法を採用することの目的は、少数派意見をとにかく尊重してそれを決定結果に反映させることにあるのではない。反対意見を表面化しやすくし、検討されている選択肢のマイナス情報や埋もれがちな周辺情報にも目を向ける、「ホットライン」を確保することにあると思えばいいだろう。

合理的判断を迷わせる集団思考

◆メンバーとのコミュニケーションを必要とするワンマン型リーダー

企業の意志決定は取締役会（あるいは、経営会議、常務会など）で行われるとされているものの、結局のところトップによって最終的な判断が下されているのが実情というところも少なくないだろう。特に「四の五の言わず、オレについて来い」というワンマンタイプのリーダーが、部下の言うことに耳を貸さず、まさにツルのひと声で物事が決まってしまうというのは、よく聞く話である。しかし、じつはこのような統裁合議（利光ら 1980）に近い状況にあるほど、トップに情報が集まることの重要性が高まり、マイナス情報を含めて多様な情報を得やすくする（情報を共有しやすくする）状況を作る必要性が出てくるのである。実際そのことについて、古田と近藤（Furuta & Kondo, 1992b）は数値シミュレーションを用いて、リーダーと下位メンバーとのコミュニケーションの関係からグループの信頼性（課題遂行に成功する確率）を検討している。彼らの研究で示された結果は次のようなものだった。

（a）すべてのメンバーが同等の能力を持つのであれば、ボトムアップ型リーダーシップをとるリーダー（下位メンバーの行動の枠を決めるだけにとどめるだけ。リーダーを含めメンバーは情報を共有し、意見を自由に述べることができる状況にある）のグループは、トップダウン型のリーダーシップをとるリーダー（重要な情報をリーダー自身が持ち、下位メンバーの行動に事細かく口を出し決定する）のグループより概して優れている。

（b）リーダーがグループメンバーより優れている場合には、ボトムアップ型であろうとトップダウン型であろうと、下位メンバーとのコミュニケーションが疎遠になると、グループが成功を収める確率が下がる。ただし、ボトムアップ型のグループは、リーダーとメンバーのコミュニケーションが疎遠になっても成功確率はそれほど大きく変化しないのに対して、トップダウン型のグループはそれに比例して成功確率が大きく下がる。

これらの結果から総じて言えることは、たとえトップダウン型の優秀なリーダーであったとしても、下位メンバーから適切な情報を得られなければ、成功する確率が下がるということである。繰り返し指摘されていることだが、リーダーは、会議という場も含め、井の中の蛙とならないためも多種多様な情報を得やすくする環境作りに心血を注ぐ必要があることが、この研究によっても示されていると言えるだろう。

◆思い込みによる〈現実〉を生起・維持する集団思考

それでは、リーダーが自分のグループメンバーをひたすら頼りにすればよいかと言えば、あながちそうとも言えないということにも注意しなければならない。グループメンバーが持つ「適切な」情報が減少するほど、いくら関係を密にしたところで成功する確率が上がらないであろうことは十分予想できる。ならば、適切な情報を収集する能力やスキルに長けたメンバーを揃えれば問題ないだろうと思いたいところだが、じつはリーダーを含め優秀なメンバーが揃っていながら、十分な情報収集と適切な状況理解に基づく合理的な判断を下すことに失敗した例が数多く存在するのである。ジャニス（Janis, 1982）は、まさにそうした事例——優秀な人材が揃っていながら決定に失敗した政策決定の事例——を分析し、合理的と言えない判断を下す際に認められる意志決定上の欠点を次のようにまとめている。

（1）他の選択肢を不完全にしか検討しない。
（2）目標を不完全にしか検討しない。
（3）選んだ選択肢の持つリスクの十分な検討に失敗する。
（4）当初、選択肢として挙げられたものの、いったん横に置かれた選択肢について再評価し損なう。
（5）情報収集が十分に行われない。
（6）手に入れた情報を検討する際に選択的なバイアスがかかる。
（7）状況に即応した（不測事態対応の）計画（contingency plan）の練り上げに失敗する。

優秀なメンバーであるにもかかわらず、このように情報収集、選択肢・計画の策定と評価に失敗してしまう理由として、ジャニスは「集団思考（あるいは、集団愚考　groupthink）」を挙げている

(Janis, 1982)。集団思考は、「意見一致の幻想（皆が同じ意見を持っている。だからこの意見は正しい）」や、「結果に対する過度の楽観主義（自分たちの選んだ選択肢は、現実的で必ずよい結果をもたらす）」といった思考上のいくつかの〝症状〟からなり、グループ内部で彼らにとって都合のよい〈現実〉（たとえば、「今までやってきた方法だからこれからも大丈夫だ」「この程度の違反なら安全上問題ない」等々）の維持に貢献することになる。

優秀なメンバーが揃っているのに、彼らは正確な現状把握に役立つ適切な情報をリーダーに伝えるばかりか、集団思考に陥り、リーダーもろとも合理的とは言えない判断を下す可能性がある。だとするならば、リーダー（を含めたグループメンバー）は、こまめに情報交換・情報共有に努める以外に、現実から乖離した〈現実〉を維持しようとする力を緩める——集団思考を予防することに努力を払う——必要があるということになるだろう。

◆集団思考に効く少数派の声

多数のメンバーに支持され一見堅固に見える〈現実〉にも、その基盤を揺るがす断層が存在している。「沈黙の螺旋」（第5章127ページ参照）に見るように、メンバーの思い込みによって成立している〈現実〉（たとえば「社会的現実」。池田 1993）は、自分以外のメンバーもそう思っている（あるいは、思っているだろう）という確信が〈現実〉の生成と維持に不可欠であった。それは逆に、グループ内の意見の斉一性を崩すことが〈現実〉のリアリティ（現実感）に揺らぎを生じさせるきっかけになりうることを意味しており、そこに対応策を見いだすことができるのである。

仕立屋に騙された王様を含めて、町の誰もが〈王様は実に素晴らしい衣装を着ている〉という〈現実〉を受け入れていたとき、「王様はハダカだ！」と叫んだ子どもは、まさに町の人々の意見の斉一性を突き崩し、王様と町人たちの〈現実〉に揺さぶりをかける役目を果たした。つまり、会議においても同様に重要なのは、物理的現実から乖離した〈現実〉に疑問を投げかけるメンバーの存在であり、多数のメンバーが「問題ない」と思っている案件や選択肢に待ったをかける声が上がるかどうかだということになるだろう。

先に見たように、少数派は少数派ゆえに意見表明をする動機づけや発言機会を失いやすい。そのため、各メンバーの個々の性格によらず、また、少数派となったのが誰であれ、発言しやすい状況の確保が必要である。決定手続きを整備することの利点は、こうしたところにもある。たとえば、話し合いにおいて、多数派の支持する選択肢に対して必ず誰かがその欠点を述べ、異議を唱えなければならない、という決定手続きを常に採用したらどうであろうか。少数派の意見を表面化しやすくする決定手続きが、少数派に限らず、会議を構成するメンバー全員が意見表明をしやすい場作りにつながることについては言を俟たないだろう。

集団思考は〈現実〉維持に強く寄与するものだが、集団思考が発生する先行要件についても簡単に触れておこう。確定的ではないものの、集団思考を生起しやすくする要件としてジャニス（1982）は、グループが「凝集性の高い集団」であることや、外部からの強いストレス下に置かれていることなどを挙げている。ここで特に注目したいのは、ジャニスが先行要件として挙げている「組織の構造的な欠陥」である。そのような欠陥としては、グループが他から隔絶された位置にあったり（たとえば聖域化された部門）、グループメンバーの同質性が高い（メンバーのバックグラウンドや考え方などが類似している）ということに加えて、話し合いに臨むリーダーの態度と、意志決定にまつわる決定手続き上の問題が挙げられている。

集団思考が生じやすくなるとジャニスが警告しているリーダーの態度と決定手続きについての詳細は、次のようなものである（Janis, 1982）。

（1）リーダーの不偏的立場の欠如

リーダーが、自分自身が好む考えや方針を押し付けることを避け、代わりに、考えられる選択肢についてオープンでバイアスのかからない検討を推奨するいかなるリーダーシップの流儀をも無視する。

（2）方法論的手続きを要求する規範の欠如

組織に、情報収集や評価についての組織・秩序だった手続きを採用するようメンバーに要請する、前もって確立した規範がない。

なお、ジャニスは集団思考の防止策についてもいくつか提案している。会議のメンバーが集団思考に陥らないようにするためにも、決定手続きを考える際には参照していただきたい。

・各参加メンバーに批判者としての役割を果たさせる。
・リーダーは自分の立場を最初から明らかにせず、どの意見に対しても擁護しない。
・反論や疑義が出やすい雰囲気をつくる。
・ときどき集団を二つ以上に分割し、個別に検討させた後に全体で会議を行う。
・別の独立した集団をつくり、同じテーマについて平行して検討させる。
・メンバーに、話し合いの結果を信頼できる組織内の関係者に伝えさせ、相手の反応を報告させる。
・外部の専門家、もしくは組織内部の適任者を会議に出席させ、自分たちの見解について批判してもらう。

ルール作りの効用と心得

◆ルールを作ることの効用

さて、ここであらためて決定手続きなど決定に関するルールを作り、それを明確にすることの利点について考えてみよう。

まず一つ目として、今述べてきたように、あらかじめ合理的かつ適切な決定手続きを整備しそれを明確にしておくことにより、決定プロセスの合理性を社会的にも担保しやすくなるということがある

（併せて意志決定に際して、所定の手続きがとられていることを記録として残すことも重要である）。また、検討している案件に問題がある場合にも、合理的かつ適切な決定手続を踏むことで、そうした問題により気付きやすくなることも期待できるはずである。

そして、検討事項の問題の検出力を上げることに関連するが、沈黙しがちな少数派が意見表明しやすくなるなど、話し合いに参加するメンバーの心理的なエンパワメントも忘れてはならないルール作りの効用である。

ルール作りの効果は、少なくとも次の二側面から心理的に作用することが考えられる。たとえば「検討事項に関して、参加しているメンバー全員が、一つ以上の反対意見を必ず述べること」というルールは、たとえ少数派であっても堂々と反対意見を述べやすくなるという直接的な心理作用があるだろう。それに加えて、そうしたルールが採用されている、ということによって伝えられるメタ的なメッセージ（「メンバーは、反対意見を積極的に言うという姿勢を一貫して持つことが期待されている」）が、メンバーの動機づけに、緩やかにではあれ確実に働きかけるはずである。

ルールを作ることに関して、非常に示唆に富む意見がトヨタ自動車の元常勤監査によって述べられているので、以下その部分を引用しよう。

……（略）トヨタ自動車の場合は、取締役会の前に監査役会を開き、取締役会の違法性についてちゃんと議論するというルールを作りました。納得できるルール化しないと、人の問題になってしまい、人が動くと変わるし、社長も替わるし、監査役も替わる。だからルールをきちんと決めて、角の立たない、そういう無駄な議論はしないで、会社のために一番よいルールは何かということで、ルールを決めていくほう

が良いのではないかと思っています。（家近ら2004）

ここから、ルールを作ることの効用に加え、ルールを決める際に注意すべき点について、次のような事柄を読み取ることができるように思われる。

まず効用として挙げられているのは、ルールがあらかじめ決められていることによって決定手続きが人に依存しないということ。つまり、トップが変わるたびに方針ややり方が変わってしまうということはよくある話だが、ここでは、あらかじめ明確なルールを決めておくことによって、人が変わることの影響を小さくできると述べられている。このことには当然、話し合いに臨むメンバーが誰かということにも依存しないという利点が含められるべきだろう。同時に、人が変わらずとも、検討事項が何かということによって、そのつど恣意的にルールが変更される可能性があることも再度確認しておきたい留意点である。

◆目的に適う適切なルール作りの必要性

次に、ルールを決める際に注意すべき点に目を向けよう。今引用したことばの中で注意すべき点として挙げられているのは、ルールが目的達成に寄与する「良いルール」であるべきである、ということである。どのようなプロセスを経て決定されたかわからないというような、不明瞭で流動的な決定方式は論外として、明らかに不適切であったり非合理的な決定方式であるために、意志決定に参加するメンバーが納得できないルールも除外されるべきである。リーズン（Reason, 1997）は、状況に見合わない不適切な「悪いルール」はルール違反を誘発し、さらに悪いことに、そのようなルールは良いルールも含めてルール違反を常態化させやすくなることを指摘している。そうしないためにも、ルールを決める際には、それが目的に見合った適切なルールたり得ているどうかについて、あらゆる観点から徹底的に検討を加え評価する必要がある。

明らかに不適切だとは思えず非合理的にも見えない決定方法であるからと言って、安易に従来どおりのやり方を踏襲することにも注意が必要である。第5章で見たように、ある決定方式にはその方法に固有のクセがつきものである。注意する必要があるのは、そのクセによって、ある課題では問題が生じなくとも、別の課題では思いもよらぬ結果を生じさせることがあるためである。決定方法のクセを見極めないまま、ある決定方法を任意に採用する問題の重大性についてはもはや言うまでもないだろう。個々の組織・企業において決定課題は多種多様であるため、そのルールを適用される（採用することになる）メンバーも含めて、当該ルールの良否の評価が行われるべきである。この注意点については、規制する側が現場の現状や問題を的確に把握していないため、規制される側に無用な負担や混乱を生じさせる例に学ぶところが多くあるように思われる。

ところで、「良いルール」であるかどうかは、それが適用された後にならないと判明しないことがある。あるいは、ある時期や状況においては「良いルール」であったけれども、徐々に現状に見合わない不適切な「悪いルール」と化してしまうことも考えられる。したがって、ルールを決めた後にも、そのルールが機能しているか、遵守されているか、現状に見合わないため形骸化していないかということを継続的にチェックし、評価することが必要になる。日本の社会では物事がいったん決まってしまうと、そのとき採用された決定方法が適切なものであったか、妥当であったかどうかについて検討することをせず、そのまま決定結果を受け入れるよう迫られることがしばしばある。決めた後に、そのとき採用した「決め方」についてきちんと検討しないことの問題や弊害は、多くの政治的決定において見ることができるのではないだろうか。

これまで採用されてきた決定方式やルールに問題があるということが判明した場合には、当然それを現実に即した「良いルール」へと変更するべきである。しかし、変更にかかるコストを嫌い、そうはせず代わりの解決策として誰かの権限で適宜「例外」として手続きを変えるという方法がとられたり、ケースバイケースということで一時的な対応でしのごうとする力が働くかもしれない。そうしたやり方は、ルールを決めることへの信頼が失われると同時に、やはりルール違反の常態化を招きかねないため、問題のある解決策だと言わざるを得ない。このような解決策を横行させないためには、ルール変更のしかたについても、あらかじめルールとして設け、それを明示すべきなのである（佐伯 1980）。

健全な意志決定を支援する装置として、会議における適正なルールの整備が一つ有力な候補となりうることを前提として、ルールを整備することの効用について論じてきた。しかし、よいルールや規則、さらに言えば制度は、それがあるだけでは果たすべき役割を果たさない。当たり前だが、ルールや規則が遵守されて初めて、そのルールや規則は目的とする役割を果たし、機能を発揮する。ご存知のとおり、法令や規則、ルールが存在するどこの世界でも法令やルールの違反や逸脱があり、そのため、遵守すれば起こりえなかった事態がしばしば起きているのが現状である。ＪＣＯの臨界事故は、まさにそうしたルールの逸脱の積み重ねが招いた残念な事例の一つとして挙げることができるだろう。

組織における意志決定プロセスにおいても例外ではなく、ルール違反をいかに減らすかが問題になることは言うまでもない。制度やルール作りに加えて、それがきちんと機能するように仕向ける別の仕掛けがしばしば必要とされるのはそのためなのである。この問題については次章で再度取り上げたい。

第7章　健全な意志決定を支える組織

会議の見張り役——監査役

◆企業不祥事とコーポレート・ガバナンス

昨今の度重なる企業不祥事は、意志決定を間違えれば膨大な損失が生じ、時に組織の存続すら危うくなることを示している。２０００年夏に乳製品集団食中毒を起こし、２００２年にはＢＳＥ対策に乗じて牛肉のラベルを貼り替えた雪印、同じく２００２年の夏に、長きにわたって原発のトラブル隠しを行ってきたことが明らかになった東京電力など、２０００年1月から２００３年1月まで、新聞紙等で報道された企業不祥事は３００件に上るという（日本監査役協会ケース・スタディ委員会2003）。企業不祥事が相次いで社会問題になったのは日本に限った話ではない。アメリカでも２００1年にはエンロン、２００２年にはワールドコムと、立て続けに巨額の粉飾決算・不正会計操作による企業不正が明るみになり、社会的な大問題となったことは記憶に新しい。

アメリカではことの重大さを裏付けるかのように、２００２年７月にワールドコムの破綻から約３ヵ月後という異例の早さで、企業改革法（サーベンス・オクスレー法）が可決・発効されている。企業改革法の詳細な説明は省くが、ＣＥＯやＣＦＯなどの役員の不正行為を防止するための規則や、監査の実効性を高める規則が盛り込まれた。この企業改革法は、アメリカのみならず日本企業のコーポレート・ガバナンス（企業統治）のあり方にも大きな影響を与えている。「コーポレート・ガバナンス」ということばの意味するところは多様だが、簡単に言えば、健全性や透明性、公正さ、経営効率といった点において問題のない企業経営がなされるよう、経営者や従業員に対して監視、牽制するしくみということになるだろうか（深見 1999／田村 2002／内海 2004 などを参照）。日本においても、２００３年４月施行の改正商法により、一定要件を満たす大企業についてはアメリカ流の「委員会等設置会社」に移行することが可能になり、どのようなガバナンス形態をとることが望ましいのかということがしばしば問題になっている。

さて、ここでコーポレート・ガバナンスを取り上げるのは、企業における意志決定の監視とコーポレート・ガバナンスのあり方は切り離せない関係にあるためである。第１章および第２章では、会議の問題とそれを統制しサポートするさまざまな装置を見てきたが、ここでは企業に組み込まれた、意志決定を監視・監督するシステム――すなわち、コーポレート・ガバナンスの一部を構成する監査体制を取り上げたい。以下では、日本流のガバナンス形態と言われる「監査役設置会社」と、アメリカ流ガバナンス形態とされる「委員会等設置会社」それぞれの監査体制の特徴を概観しながら、そこに見られるいくつかの問題と会議手続き上の問題との関係について取り上げる。

◆「閑散役」から「監査役」へ

現在、日本の企業が選ぶことのできるガバナンス形態は、従来の日本型ガバナンスの「監査役設置会社」、アメリカ型のガバナンス形態の「委員会等設置会社」である（それぞれのエッセンスを取り込んだ折衷型とでもいう独自の体制をとる企業もあるが、ここでは省略する）。日本型のガバナンスの基本は、株主総会が取締役と監査役を選任し、監査役が取締役の業務執行を監査するというものである。しかし、この監査役制度が適切に機能するはずの企業において不祥事が次々と明るみになったため、監査役制度の問題にも注意が払われることとなった。具体的には、監査役は形式的には株主総会で選出されるにせよ、結局はトップの意向で選ばれることからトップの業務執行にクレームをつけにくい立場にあったり、名誉職的な扱いで「閑散役」的な存在であったりと、こうした監査役が監査役としての機能を果たしていないという問題がクローズアップされるようになったのである。

他方、委員会等設置会社に見るアメリカ型のガバナンスでは、この監査役に代わり、取締役からなる「監査委員会」が監査を行うことになる（ただし、監査委員会のメンバーが直接監査を実施することはしない）。このガバナンス形態には、「監査委員会」に並列して「報酬委員会」「指名委員会」があるが、監査委員会も含め、それぞれの委員会の過半数は社外取締役でなければならないことになっている（図7-1参照）。つまり、内輪の論理で「是」となっても、過半数の社外取締役が「非」で

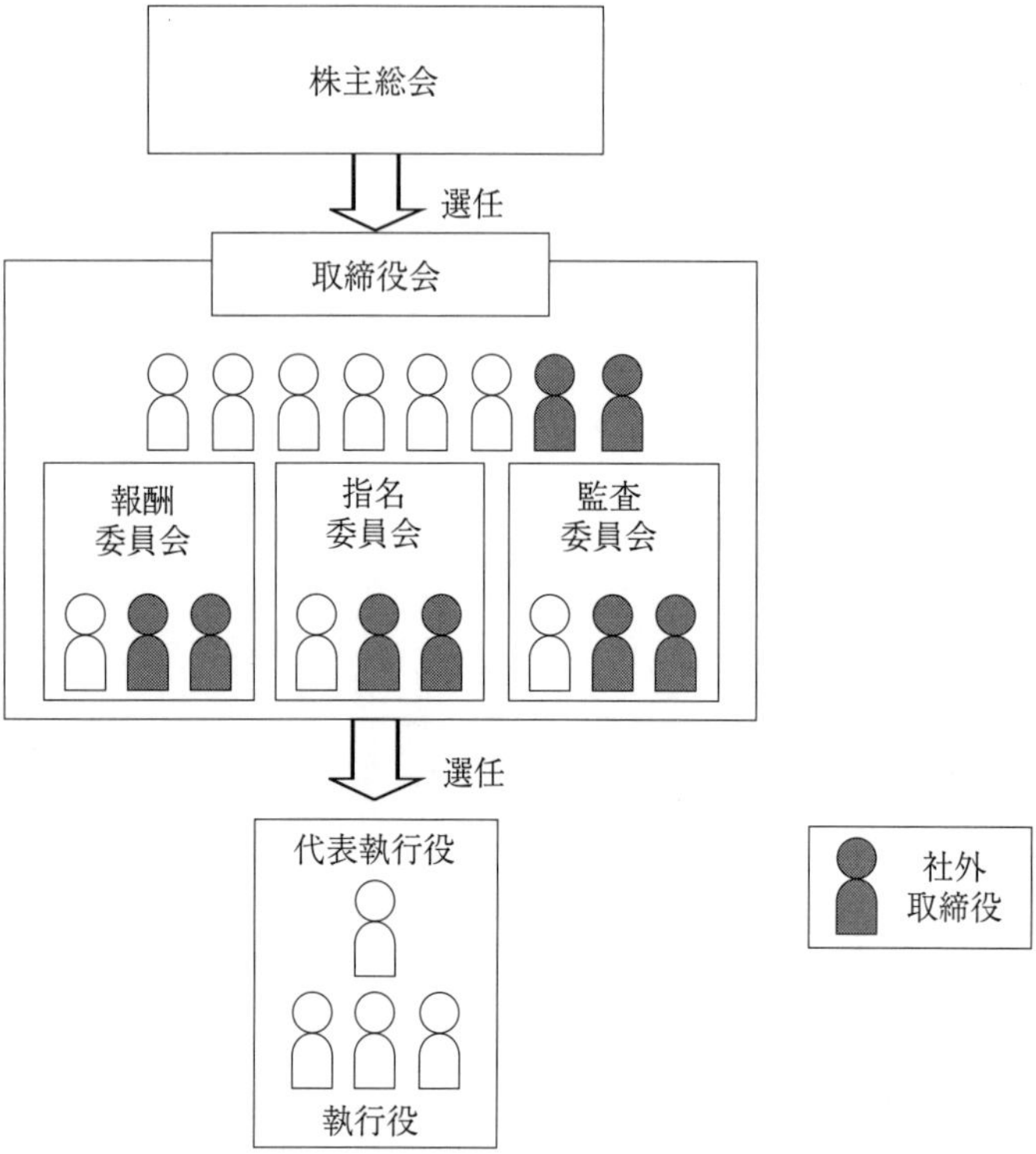

図7-1　委員会等設置会社のしくみ

あれば案件が通らないしくみになっているわけである（アメリカの制度では、上場会社の場合、監査委員会のメンバーは「すべて」社外取締役でなければならないと義務付けられている）。また、会長や社長が握っていた人事権や報酬についての決定権が、社外取締役が過半数を占める「指名委員会」や「報酬委員会」に移譲されることによって、人事や報酬に関しての透明性も確保できるとされる。いわゆるこうしたアメリカ型のガバナンスは、社外取締役を有効活用する委員会方式が基本だと言えるだろう。なお、このガバナンス形態は、執行役が業務執行を行い取締役会がその監督を行うという「執行と監督の分離」がなされており、不正防止の観点から見て重要な利点があるとされている。

監査役が監査役としての役目を十分果たしてこなかったとの反省に立ち、平成５年、11年、13年、14年と立て続けの商法改正によって、監査役の権限の強化が図られることとなった。主なところでは、監査役の任期延長、商法特例法上の大会社（資本金５億円以上、負債金額２００億円以上）における監査役人数増と社外監査役制度の導入、社外監査役要件の厳格化、監査役会の監査役選任への介入などが挙げられる。特に本書のテーマとの絡みから注目すべきところは、平成13年の商法改正において、監査役の取締役会への出席義務、および、意見陳述義務（２６０条の3第1項）が明文化された点である。従来監査役は「取締役会に出席し、意見を述べることができる」とされるに留まっていたのが、ここにきてはっきりと義務付けがなされたことになる。つまり、監査役は重要な会議の見張り役を果たすことが単に期待されるだけでなく、それが基本的な義務となったというわけである。

ちなみに、企業内部の監査を行うのは監査役だけではない。じつは、実施主体やその目的によって監査対象が若干異なるのである（表７‐１）。通常、実施主体や目的などから企業内における監査を

表7-1　三様監査

	監査役監査	会計士監査	内部監査
実施主体（情報利用者）	株主	投資家など組織体の利害関係者	経営者
監査主体	監査役	公認会計士（会計監査人）	内部監査人（内部監査部門）
役割・目的	取締役の職務執行の違法性監視	財務諸表の適正確保等	・リスクに対する内部統制の適切性・有効性評価 ・組織の長（および監査委員会）に対して、自組織の諸活動の業務遂行を検証。
対象範囲	会計監査・業務監査	会計・財務中心	・すべての企業内活動（組織内の活動が、法令・組織方針・社規に則って適正・効率よく実施されているかどうかなど業務中心）
準拠法・基準	商法・商法特例法その他、監査役協会など関係団体の自主基準の他、組織ごとに監査役規則や監査役監査執務規則などの基準が設けられている。	・監査基準 ・証取法 ・商特法等	・社内の内部監査規定 ・法令に基づかない任意監査。 ・日本内部監査協会など関係団体の自主基準（内部監査基準）のほか、組織体ごとに内部監査規則といった基準が設けられている。
資格	株主総会にて株主から代行者として選任された者（監査役）	公認会計士 当該組織と利害関係を有しない者が行う	・特に資格の定めはない ・組織内の監査部門専任スタッフが行う。 ・関連資格として公認内部監査人（CIA）

「監査役監査」「内部監査」「会計士監査」の三つに分類し、それらを「三様監査」と総称している。監査役監査とは監査役が主導で行う監査、内部監査は内部監査人による監査である。会計士監査（会計監査）はよく知られるように、財務に関わる監査であり、公認会計士によってなされる。ここでは特に、業務監査を行う監査役監査と内部監査に着目していただきたい。次節で少し述べるが、内部監査人（あるいは内部監査部門スタッフ）も、監査役と同様に企業内での意志決定プロセスをモニタリングし、会社の意志決定が適切に行われているかどうかをチェックする役割を担っている。

　ただし、監査業務に関して法的な権利を与えられている監査役に対して、内部監査人（スタッフなど）の立場には法的な裏付けがない。取締役会議など重要な会議に出席することが義務付けられているわけでもなく、株主を代表する監査役ほどには強い立場にはないと言える（委員会等設置会社の場合には、内部監査人は監査役委員会に報告することになる）。また、日本監査役協会で実施された調査結果に見るように、監査の実施主体を内部監査人とする委員会等設置会社へ移行した（あるいは移行予定の）会社は少なく（２００４年４月時点で、１４４３社中移行ずみが１・２％、移行予定が０・２％）、現時点では監査役制度をそのまま残した上でガバナンス強化を図るという企業が大部分を占めている。したがって、当面は企業内部の不正監視において重要な鍵を握るのは監査役であり続けると言えるだろう（日本監査役協会 2004a）。

　次に、企業における意志決定プロセス――会議の見張り役としての監査役と会議との関係――を中心に見ていこう。

会議運営に見る問題

◆意志決定のモニタリング

商法改正にともない、日本監査役協会の示す監査役基準（平成16年2月改正版）も改訂され、たとえば以下のような文面が記載されている。（業務監査として、監査役が取締役の職務遂行を監査するために）「監査役は、取締役会に出席し、かつ、必要があると認めたときは、意見を述べなければならない（第23条〈取締役会への出席・意見陳述〉1）」。あるいはまた、「監査役は、取締役会又は委員会に出席し、必要あると認めたときは意見を述べなければならない（第25条〈重要な会議等への出席〉1）」とある。では、会議など意志決定プロセスにおいて監査役が具体的になすべきことは何だとされているのだろうか。

これについては、日本監査役協会が作製した「経営者の関与する不祥事監査チェックリスト」（2003）を参照して、会議運営や決定手続きに関する要チェック項目の挙げられている〝著しい善管注意義務違反領域のチェックリスト〟の部分を中心に見てみよう。このチェックリストは、意志決定手続きに問題がある場合にはその背後に不祥事が存在することがあるという見地から、意志決定手続きの監査の実施方法（第2項）で「瑕疵ある意思決定手続の調査方法」を例示している。少し冗長かもしれないが、本書のテーマである決定手続きに関連するものとして、次の該当部分を参照していただきたい。

（1）正規の機関決定をしない意思決定
- 取締役会付議基準や決裁基準等を濫用或いは誤用により、商法や社内内規に定められた正規の決定機関を経ず意思決定されていないか。
- 会社に重大な損害が発生した場合には、事後的に正規の機関決定を経ていたか確認する。

（2）招集手続きに瑕疵のある意思決定
- 瑕疵のある招集手続きにより開催された会議によって意思決定されていないか。
- 特に臨時取締役会で社外取締役や社外監査役が出席していない場合には注意する。
- 会社に損害の発生が予見される案件であるにも関わらず、議案が記載されていなかったり、付議資料の事前配布がない場合は注意する。

　瑕疵のある召集手続きの例
　・取締役会の招集通知を社外取締役や社外監査役に発送していない。
　・招集通知の発送日から会日までに時間的な余裕がない。
　・招集通知に議案を記載しない。
　・事前に付議資料を配布しない。

（3）検討方法に瑕疵のある意思決定
- 瑕疵のある検討方法により意思決定されていないかチェックする。

瑕疵ある検討方法の例示
・案件の重要性・複雑性に比して、簡略に過ぎる資料や不十分な説明しかされない。
・案件の重要性・複雑性に比して、会議での検討時間が少ない。
・会議のメンバーからの質問を阻むような議事運営が行われる。
・会議終了後に、付議資料を回収する。

（日本監査役協会「経営者の関与する不祥事監査チェックリスト」（2003）をもとに作成）

このチェックリストに示される姿勢、すなわち、不正を抑制するためには、適正な意志決定プロセスを経ているか（法令・定款及び社内の決裁権限規定等に準拠した意志決定・招集手続き・議事運営か）どうかという点をきちんとモニターしなければならない。不正と会議運営等の決定手続きは密接に関係しており、監査役が見張るべき非常に重要な点である、とする姿勢は、私たちが「会議の問題」とする点と重なるものだと言える。ただし筆者たちから見ると、議事運営の方法（特に、参加者の発言時間の問題や、参加人数や案件に応じた決定ルールなどの議案の検討方法）について、チェックすべき観点がいささか不十分であるように思われる。すでに第4章や第5章で見てきたように、こうした決定手続きを含む会議の議事運営方法が、案件の採択・不採択に大きく影響を及ぼすことはさまざまな研究により検証され、警戒すべき問題が数多く示されていることを思い出していただきたい。

◆会議の監視と実効性

今見てきたチェックリスト項目は、（監査役は）不正を抑制するために、会議について「こういう点に注意しなさい」というものだった。それでは、監査役設置会社や委員会等設置会社では、取締役会などの会議運営についてどのように定められているのだろうか。会議運営に関して何か具体的な指針はあるのだろうか。この点について調べてみると、監査役設置会社や委員会等設置会社に関して見る限り、そのようなものはないというのが結論である。当然と言えば当然だが、監査役設置会社や委員会等設置会社であっても（その他どのようなガバナンス形態をとろうとも）、会議運営など意志決定プロセスに関わる具体的な側面については、各企業がそれぞれ独自に策定しなければならないのである。

たとえば、委員会等設置会社はその運用上の検討課題として、取締役会議の運営に関する事項では「取締役会の招集手続き・議長・開催頻度など、取締役会の運営に関する事項についても、監督機関としての性格の観点から規定する必要がある。」とされ、また同様に、委員会の運営に関する事項を規定する必要があるとされている（監査法規委員会 2003）。そもそも委員会等設置会社では、各委員会では社外取締役が過半数を占めることを義務付けているが、取締役会については特に規定がなく、社外取締役が過半数でなくてもよいことになっている。したがって、取締役会では、話し合いで社外取締役が反対したとしても、多数決となればその反対を押し切ることができるという可能性が残され

表7-2　委員会等設置会社に移行した主な上場会社と取締役会の構成

取締役会構成／業種	社外取締役が社内取締役より多い会社	社外取締役と社内取締役が同数	社外取締役が社内取締役より少ない会社
電気	日立国際電気	日立製作所グループ（日立金属・日立キャピタル・日立粉末冶金など）	ソニー・東芝・三菱電機・日立製作所・スミダコーポレーション・指月電気製作所
機械	HOYA	コニカミノルタホールディングス	ニッセイ（減速機最大手）
医薬品			富山化学工業
流通	西友	イオン	パルコ・サティ
金融・証券	りそなホールディングス		オリックス・野村ホールディングス
通信	日本テレコムホールディングス		

（内海（2003）をもとに作成）

ていることになる。

委員会等設置会社に移行した企業のなかには、その点を重大視し、すでに社外取締役の方が社内取締役より多いという企業もあるようである。日本監査役協会が定期的に実施してきているネットアンケート（日本監査役協会 2004c）では、委員会等設置会社に移行した会社の取締役の平均人数は10人で、社外取締役は4・5人（44%）、社外取締役の人数が過半数を占める会社は回答40社中14社（41・2%）と報告されている。しかし、全体で見るとまだまだ少数に留まるとする見方もある（内海 2004）（表7－2）。

会議では誰が議長になるかということも重要な問題である。委員会等設置会社には、指名・報酬・監査各委員会および取締役会があるが、それぞれの会議に誰を議長とするかが問題となる。監査役協会の調査では（日本監査役協会 2004c）、監査委員会では社外取締役を議長としている会社が過半数を占めていることが報告されている（回答した34社中21社（61%）、表7－3参照）。この

表7-3　委員会等設置会社の各委員会において、議長（委員長）を果たす役職者

	指名委員会	報酬委員会	監査委員会
1．社外取締役（会長除く）	8(23.5)	6(17.6)	21(61.8)
2．社内取締役（CEO、会長除く）	3(8.8)	4(11.8)	12(35.3)
3．CEO(代表執行役)	15(44.1)	18(52.9)	1(2.9)
4．会長（取締役会議長）	8(23.5)	6(17.6)	0(0.0)
5．その他	0(0.0)	0(0.0)	0(0.0)
回答社数	34	34	34

（日本監査役協会第5回ネットアンケート（2004年9月）をもとに作成）（　）内は％

結果からは、監査役委員会については、社外取締役を中心とした透明かつ公正な会議運営を実現させようとする姿勢が見られるといったところだろうか。これに対して、指名委員会と報酬委員会では全体を見ると、議長を務めるのはＣＥＯ（代表執行役）となっている（それぞれ８社（23・５％）、６社（17・６％））。

　では、取締役会の議長はどうか。社外取締役が議長となる例は全体の３社（８・８％）となり、監査役委員会とは逆に、ＣＥＯが取締役会議長となる例が過半数を超えている（23社、67・６％）。ここで問題となるのは、執行とその監督の分離を図るはずのガバナンス形態でありながら、執行役を監督する取締役の会議において執行役が会議長となっており（表７‐４）、執行と監督の分離の徹底がなされていない、という点であろう。議長が采配を振るう余地がどの程度あるかにもよるが、議長の会議運営方法によっては、かなり重大な問題を引き起こす可能性がある（第４章参照）。

　委員会等設置会社だけでなく、監査役設置会社についてもその運用上の検討課題として問題が指摘されている。例を挙げよう。監査役設置会社における取締役会の機能状況を検証すべき点として、取締役会の規模の適正化がなされているかどうかが挙げられている（日本監査

表7-4　取締役会議において、議長を果たす役職者

	取締役会
1.社外取締役	3(8.8%)
2.CEO(代表執行役)	23(67.6%)
3. 社内取締役（CEOを除く）	8(23.5%)
4.その他	0(0.0%)
回答社数	34

（日本監査役協会第5回ネットアンケート（2004年9月）をもとに作成）

役協会監査法規委員会 2003)。そこでは「実質的な議論ができ、かつ、迅速な経営意思決定を行う体制となっているかどうか、会社の規模・業態に応じた取締役会の規模となっているかどうか」が重要だと述べられている。現在、監査役設置会社を選択している企業の取締役の人数の規模はどの程度なのだろうか。監査役協会の調査報告によれば、回答した監査役設置会社2003社で見ると平均して9人であり、全体の約7割が10人以下としていることから、全体としてスリム化が進んでいるようである。とは言え、全体で見れば少数ではあるものの、約1割が 16人以上となっており、企業によっては相変わらずの大所帯となっているところもあるのがわかる(表7-5、表7-6)。

「会社の規模・業態に応じた取締役会の規模となっているかどうか」を見るのは、「迅速な経営意思決定及び機動的な業務執行体制の整備・構築」のために重要ではあるが、会議の規模は何も「決定の迅速性」や「効率性」に関係するだけではない。すでに述べたが、話し合いにおける参加メンバーの数（集団サイズ）は、話し合いの内容や質、それゆえ結論にまで影響を与えることが小集団を用いた研究などから明らかにされている。いずれにせよ、会議の参加者について、その構成のみならず人数を考慮することが求められる時代であることは間違いないだろう。

表7-5　企業に見る取締役の人数（1）

	全体	大会社	中・小会社	上場	非上場
取締役総数平均（人）	9.38	9.54	7.21	9.78	8.68
10 人以下 社数	1,386	1,258	127	843	543
（%）	(69.2)	(67.7)	(88.2)	(65.9)	(75.1)
11〜15 人 社数	438	422	16	309	129
（%）	(21.9)	(22.7)	(11.1)	(24.1)	(17.8)
16〜20 人 社数	130	129	1	92	38
（%）	(6.5)	(6.9)	(0.7)	(7.2)	(5.3)
21 人以上 社数	49	48	0	36	13
（%）	(2.4)	(2.6)	(0.0)	(2.8)	(1.8)
合計（社）	2,003	1,857	144	1,280	723

（日本監査役協会第5回ネットアンケート（2004年9月）をもとに作成）

表7-6　企業に見る取締役の人数（2）

取締役人数（人）	企　業　名
46〜60	トヨタ自動車（58）
31〜45	新日本製鐵（41）・東レ（35）・東京電力（34）
16〜30	NEC（19）・電通（17）・日立製作所（16）
1〜15	東芝（14）・ソニー（13）・帝人（12）・日興コーディアルグループ（12）大和證券グループ（10）・日産自動車（9）・コマツ（9）・住友金属工業（8）

（内海（2003）をもとに作成）

ここまで取締役会を中心として、会議運営上検討すべき点などを見てきた。言えることは、結局どのようなコーポレート・ガバナンスをとるとしても、それは骨格のみを定めたものであり、その具体な運用方法は各社が自主的に作るルールや運用基準に頼らざるを得ないということだろう。公正さや健全性を会議運営において実現しようとしたところで、その運用基準——構成メンバー、人数規模、議長、決定ルール等——については具体的な指針や判断基準がなく、従来から使用してきた会議運営規則を使い回すか、一見して合理的かつ公正と思える会議手続きを採用することになるというのが実状ではないだろうか。しかし、慣習的に使用されてきた決定方法や見たところ公正な手続きであっても、状況次第で不公正かつ不適切な手続きとなることがある。そしてそのことについての理解が、会議を見張る監査役も含め、会議に参加する人々に不足しているように思われるのである。

監査役の悩み

組織、特に企業における意志決定プロセスが適正に行われているかどうか見張る役割を果たしているのが、監査役である。アメリカに続き度重なる企業不祥事が社会問題となった日本でも、立て続けに商法改正を行い、監査役の権限強化がなされてきたこともすでに述べたとおりである。たとえば、人事への関与となる「監査役選任に関する監査役会の同意権・議案提案権（商法特例法18条第3項、3条第2項第3項）」、辞めさせられることとなった場合、その理由を株主総会で述べることができるとする「監査役辞任に関する意見陳述（275条の3の2）」。（取締役会に苦言を呈する監査役が不当に排除されないようにするための措置）。そして、監査役の取締役会への出席の義務、および、監査役の取締役会における意見陳述の義務が明文化というものがその具体的な内容である。

こうした監査役権限も含めた監査役制度の度重なる改正を経て、監査制度は法制度上、ほぼ完成の域に達しているとも言われている。しかしその一方で、監査役が機能していない、期待する効果が十分もたらされていないという見方も根強くあるようである。こうした見方は必ずしも全体の監査役に対して当てはまるものではないだろうが、今なおそうした見方を裏付ける状況があることも事実だろう。なかなか事態を改善しきれないでいる現在の状況は、法的な措置を行ったとしても、それだけでは監査役がうまく機能するところまでをサポートしきれないこと、さらに言えば、そうした法定上の対策とは別の対策を講じる必要性があることを示している。同時にこの問題は、企業における意志決定プロセスを健全なものとするために、規則や制度が整備されているだけでは十分でないことも示していると言えるだろう。

ではたとえば、監査役制度を例としたとき、それを機能させるのに何が足りないのだろうか。実際に監査役の役職に就いている、あるいは、監査役を経験された方たちは、職務を果たす上でどのような点に問題や不満を感じているのか。筆者たちは、この点について具体的に知るために、現役の方を含めた監査役経験者数名の方にインタビューを申し込み、幸いにも何人かからお話を聞く機会を得ることができた。お話を伺うなかで、彼らが挙げた問題点として何回か出てきたものは、次のようなものであった。「監査役が、事実上〝上がりの職〟となってしまっている。もしくは、そういうものだと見られている（キャリアパスとしての位置づけがない）」。「役員を含めた社員の、監査役の機能、職務に関しての理解が不足している（誰が監査役か知らない。何をする人か知らない）」。「人事権が事実的に社長にあるため、なかなか強い意見を言うことが難しい立場にある」。

　これらのことばは、いわば、企業内での重要な役割を果たすはずの監査役の職務についての理解不足とあいまって、監査役の組織内の実質的な地位が低く見られがちであること、つまり、監査役を支える心理的な基盤が十分整っていないことを表しているように思われる。たとえば、トップが監査役の意見を引き出し、進んでそれを受け入れるという姿勢を社内で示さないということは、監査役の心理基盤を揺るがす原因となるはずである。監査役に関する無理解は、監査役の意見の軽視につながり、監査役を補助する監査役スタッフなど監査役をバックアップする体制――監査役を支える物理的な基盤――の弱さにつながる可能性がある。

◆監査役を支える心理的基盤――監査役の役割の理解と社内評価

　ところで、こうした思いを抱えているのは一部の監査役だけなのだろうか。同様の問題意識を含む、もう少し規模の大きい調査が日本監査役協会ケース・スタディ委員会によって実施されているので、そのデータを繙いてみよう。たとえば、２００２年９月に実施された「監査役監査体制と監査活動に関する調査」（１２３社が回答）では、「社内において監査役の役割が理解されていますか」という質問がなされている。その問いに対し、半数を超える人が「理解されていると思う」と回答している一

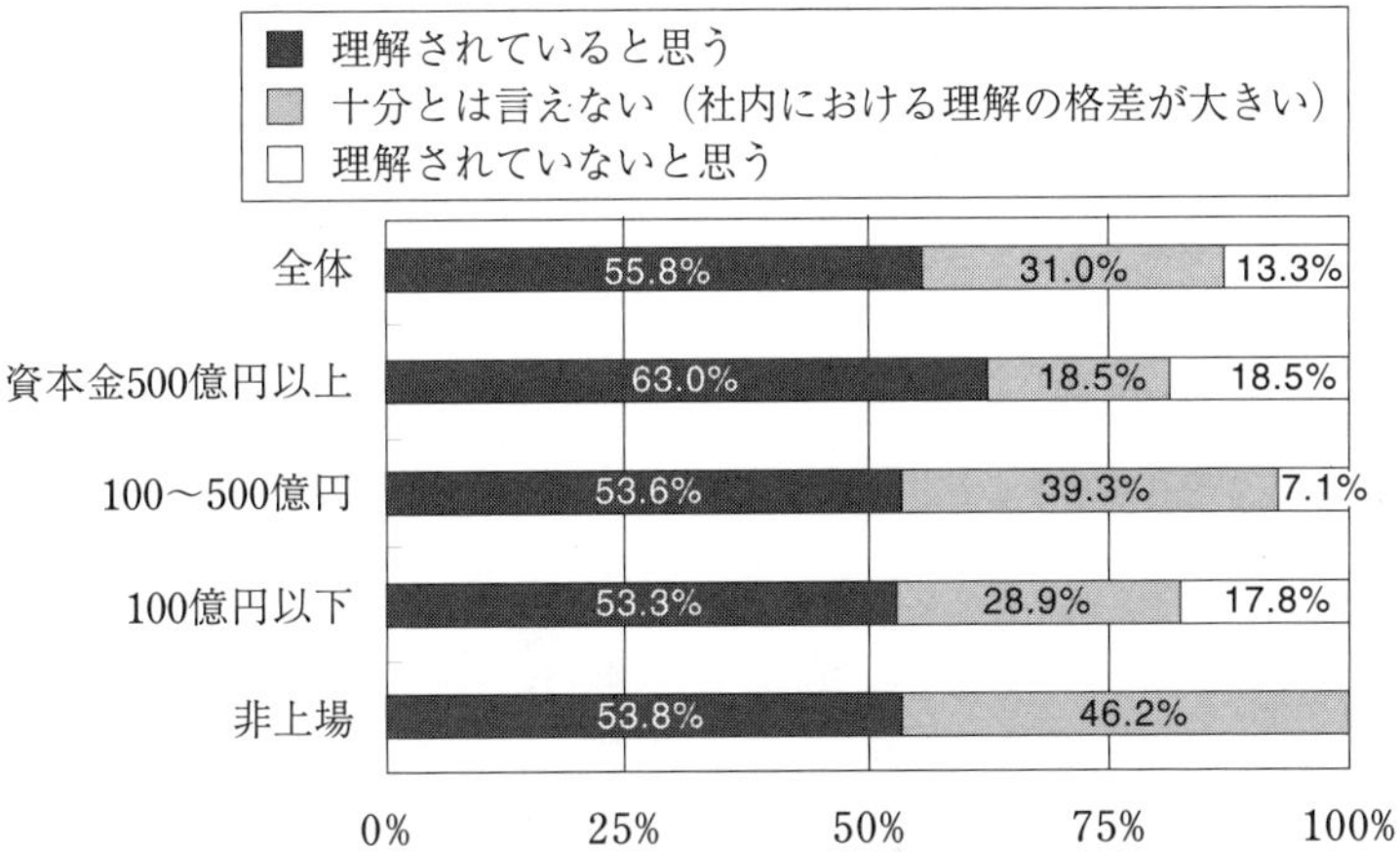

図7-2　社内における監査役に関する理解の程度

方で、半数近くが「十分とは言えない（社内における理解の格差が大きい）」あるいは「理解されていないと思う」と回答していることが明らかになっている（図7-2参照）。

では、何をもって「監査役の役割に対する社内の理解」があると言えるのか。これに対する回答は、次のようなものであった。

「トップ・取締役が監査役の重要性を認識、尊重する。重要会議での監査役意見を活用する。」46社（38％）

「監査役に対し相談、意見を求めてくる。監査役に情報が提供され、報告される。」30社（25％）

「監査役からの指摘、助言、提言に対する経営陣の反応、対応が適切である。」28社（23％）

「往査等、監査時の積極的な協力、信頼関係

がある。」16社（13％）

ここで見られた回答はまた、先に監査役が社内において「十分理解されていない」あるいは「理解されていない」と回答したことの理由も示しているように思われる。組織の中で「理解されていない」とした監査役は、ここに挙げた項目に見るような状況にはない、と感じているのではないだろうか。

なお、トップや取締役が監査役の意見に耳を傾け、社内においてもその役割を理解してもらえることが、彼らの職務満足に大きく影響していることは、監査役の次のようなことばからも明白である。

（監査役としての喜びを感じるときは）監査役としての発言を尊重してもらえた時ですね。「監査役がそうおっしゃるなら」とか、「監査役からこういう指摘があったのでこうします」と言ってもらえた時は、やはりやり甲斐というか「やって良かった」という気持ちになりますね。（三菱地所常勤監査役Ｙ・Ｓ氏）（日本監査役協会ニュース２００３年３月号）

（経営リスク監査を通じて監査役としてのやり甲斐を感じることは）社長に信頼され、意見を聞かれた時です。特に何かを提言した際に、社長から「大いにやろう」と言われた時でしょうか。大変やり甲斐を感じますね。また、取締役になかなか受け入れてもらえにくいようなことについて、社長から支援をいただくこともありました。私は恵まれていますね。（三菱化学ＭＫＶ常勤監査役Ｔ・Ｍ氏）（日本監査役協会ニュース２００３年５月号）

（監査役の果たすべき役割をさまざまな働きかけや活動を通じて理解してもらい）今ではいろいろな部署での会議の場に呼ばれることも少なくありません。監査役として大変うれしく思っております（環境管理センター常勤監査役T・I氏）（日本監査役協会ニュース２００２年７月号）

こうした監査役のことばが多くの監査役の想いと共通するものであることが、調査によっても示されている。監査役がどのようなことに充実感や満足を感じるのかについても尋ねた「監査役監査体制と監査活動に関する調査」（同）では、「改善指摘への対応が適切に実行されるとき」「トップ・取締役・責任者が提言を真摯に受け止め、対応したとき」という、経営陣の監査役に対する姿勢について挙げたのが全体の65％（73社）、次いで、「部門・幹部から事前相談や指導要請、および報告を聞き、適切に対応できたとき」そして「被監査部門より感謝されたとき」という、社内での監査役の役割理解と活用に関するものが21％（24社）であり、これだけで全体の８割を占めていたのである。

　トップや取締役が監査役の意見を尊重する姿勢を社内で示さないのに、監査役からさらに遠いところにいる一般社員に、監査役を信頼することを期待するのは無理がある。あるいは、信頼するどころか、監査役に不信感を抱く可能性の方が大きいかもしれない。もちろん、監査役から一般社員に積極的に働きかけることによって信頼を得ようと努力することは可能だろう。しかし、たとえば下で生じている問題を監査役が吸い上げたところで、トップや取締役が積極的に耳を傾け動かなければ問題は解決されない。そういう状況の中で、一般社員と監査役の間に信頼関係を作り上げるのは至難の技となるはずである。

監査役を支える心理的な基盤が、職務を果たす上でいかに重要なものであるかについては、監査役の次のことばからも伺い知ることができるのではないだろうか。

取締役ではなく監査役に任命されたことについては、当初は複雑でした。会社から認められたことは大変嬉しいのですが、監査役を目指して入社する人はいないですよね。（略）部下もいなくなりますし、これまでは自然に集まってきた情報も、自分を偉くしてくれる可能性のない執行を離れた役員には簡単に入ってきません。（略）就任当時の複雑な思いは、この（日本監査役協会の）部会のいろいろな会合で先輩達の話を伺うことで、整理することが出来るようになりました。監査役にとって精神的な支えは必要だと思います。（略）（監査役にとって監査の）技術は確かに必要ですが、私は精神的なものが高まらないと、監査の品質をあげるような行動には結びつかないと考えています。今まで勇気をもって言えなかったことを言うことが、自分の監査役としての存在感をあげていくのだと思います。この勇気を支えるものこそが、今言いました精神的なものです。取締役会で発言するには勇気が必要です。そのためには、自分なりに「はらが据わっている」ことが必要なのではないでしょうか?（全国朝日放送　常勤監査役Ｍ・Ｙ氏）（日本監査役協会ニュース２００３年2月号）

◆監査役を支える物理的基盤——監査役活動の支援

監査役をバックアップする物理的な基盤についても見てみよう。ここでは、物理的な基盤を構成する一要素として、監査役協会の調査で調べられている監査役スタッフを取り上げる。監査役スタッフとは、会社によって業務内容に違いや程度の差はあるが、監査役の手となり足となるメンバーである。業務内容としては、たとえば、監査の事前準備（スケジュール調整、ヒアリングのアレンジ、情報収集等を含む）、監査（調査）の同行、監査後の議事録等整備、会議資料作成などが挙げられる。監査役スタッフは監査役の代わりとはなりえないため、監査役スタッフが多ければ多いほどいいと単純に言えるものではない。しかし、スタッフが細々とした業務を行うことによって、多忙な監査役の負担を軽減すると同時に、監査活動の範囲を広げ、かつ、深く掘り下げる手助けになると言えるだろう。したがって、監査役スタッフに優秀な人材を投入し、しかもそれなりに十分な数が揃えられているかどうかということが、経営陣が監査役の業務とその重要性を理解していることの指標にもなるはずである。

　さて、各社の監査役スタッフの状況については、２００４年9月に日本監査役協会が監査役設置会社２００３社の監査役を対象として行ったインターネット調査結果から知ることができる（日本監査役協会 2004b）。この調査では、全体で見るとまだ半数を超える企業で、スタッフがいないという状況が示されていた（図７－３）。人的資源の豊富さという違いもあるだろうが、大会社に比べ中・小会社では8割近くがスタッフなしと回答しているのが目を引くところである。この調査データでは専属スタッフと兼務スタッフのいる会社の比率がわからないが、１８５２社が回答している２００１年の調査では、専属スタッフがいる会社は12・３％、兼務スタッフがいる会社は33・８％という結果が出ている（専属も兼務もいない会社は全体の56・７％）。

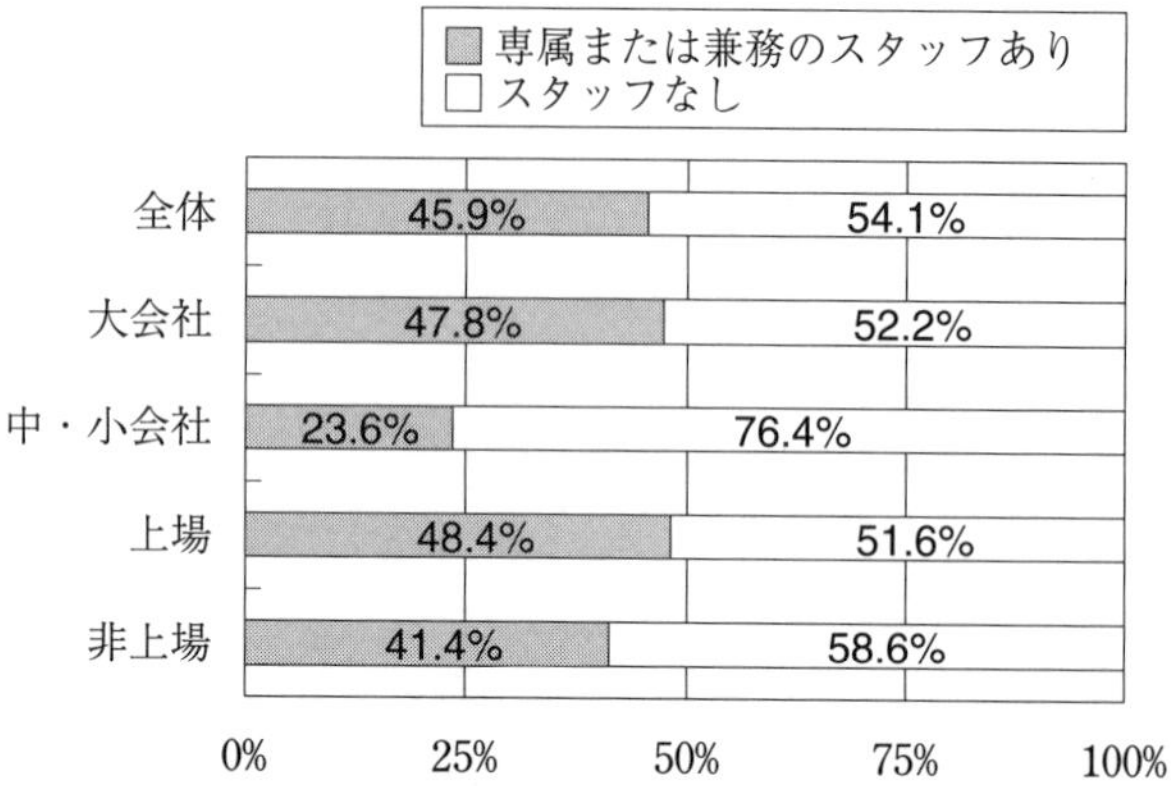

図7-3　社内における監査役スタッフの有無

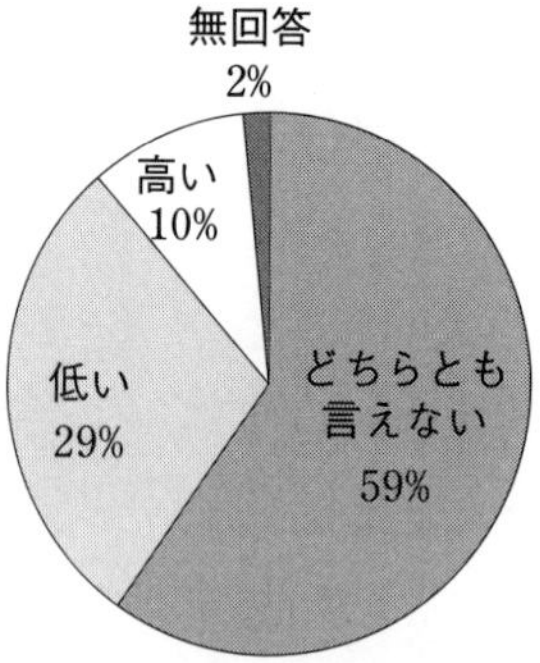

図7-4　監査役室の社内組織としての評価

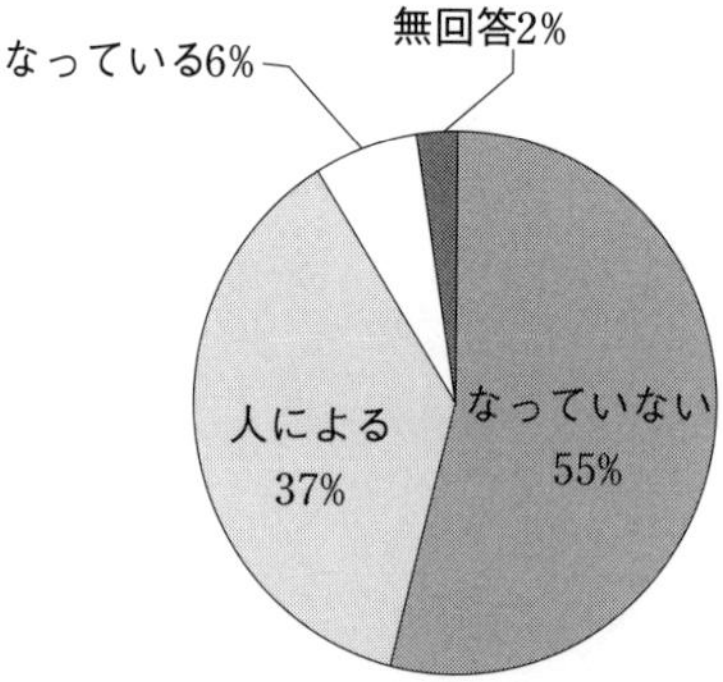

図7-5　キャリアパスとしてのスタッフポジションの位置づけ

さらに、監査役と同様、監査役スタッフが重要なポジションであると社内で認知されているかどうかも、経営陣の監査役業務の重要性の認識度合いを測る重要な指標であろう。社内で監査役スタッフが重要なキャリアパスとして位置づけられており、優秀な人材を配置すべきポジションと受け止められていれば、監査役スタッフの社内評価はおのずと高くなるはずである。これについては、２００４年5月に日本監査役協会の本部監査役スタッフ研究会によって実施された「監査役（監査委員）スタッフ意識調査」の結果が参考になる（６１８社８３７名回答。内訳は、監査役設置会社５９０社（95・5％）、委員会等設置会社28社（４・５％））。この調査では、監査役室の社内組織としての評価は高いと思うかどうか、や、スタッフのポジションが社内においてキャリアパスの位置づけになっているかどうかを聞いている。残念ながら、社内評価が高いとするスタッフは全体の９・８％（82名）であり、低いと回答したスタッフ（２４０名、28・７％）の３分の１程度に留まっている（図７‐４参照）。また、キャリアパスとしての位置づけがないとする回答も過半数を占めていた（図７‐５参照）。

健全な意志決定を支援する組織風土を評価する

今述べてきたような状況にあって、監査役や監査役スタッフに就任した人がそのことを心から喜び、ときには人に煙たがられる存在となったり、トップに諫言するという心理的負担の大きい職務ではあれ、それを成し遂げようと奮い立つだろうか。たとえ制度上は監査役が企業における意志決定プロセスを監督し、トップを諌める立場にあったとしても、実際にそうできるかどうかは別問題である。社内で監査役が「上がり」の職であると見るような向きがあり、自分の立場が軽んじられているように感じるなかで、たとえ〝少数派〟となっても、一人踏ん張る強い意志を持ち続けることは、すべての人にとって可能なことではないだろう。しかしだからと言って、そうした強い意志が持てないことを問題視し、監査役制度がきちんと機能しないことを監査役個人の資質（強い意志が持てるかどうかなど）問題へと還元して片付けるべきではない。

監査役個人の持つ知識や技術の向上は職務を遂行するために必要不可欠だが、それに加えて、その能力を開花させ発揮するための環境が整っているかどうかが重要であり、そのことも十分に問題にされるべきなのである。たとえば、トップ自らが日々監査役を引き立てる姿勢を見せているかどうか、社内においても監査役の役割の重要性について正確に理解されているか、理解を促すための何らかの措置がとられているかどうか。さらにまた、監査役が本来の職務に万全に臨めるよう、彼らをバックアップする体制ができているかどうか、監査役のみならず、監査役スタッフはキャリアパスとしての位置づけがなされ、優秀な人材が登用されるようになっているか、等々。いわば健全な意志決定を育む組織風土の一部とでもいうこうした点を考慮しないまま、監査役制度であればそれが機能しないことについて監査役個人の問題に矮小化したところで、根本的な問題解決にはならない。これは何も監査役制度に限った話ではないだろう。他の制度やルールも同様に、それが機能しないことの原因を、人の能力や心構え、倫理性といった個々人の問題に求めても、有効な解決策を見いだすことにはならないのである。
先に、制度や何らかのルールを設けてもそれだけでは機能しない場合には、それが機能するように仕向ける何か別の仕掛けが必要だと述べた（ただし当然だが、そうした制度やルールが、それを適用される側にとって意味がありかつ適切なものであることを前提としたときの話である）。私たちは、その仕掛けの一つとして、外部評価――たとえば、協会や学会など、第三者機関による評価――が有効ではないかと考えている。

　ここで再び監査役を例にとって考えてみよう。監査役の場合、組織のトップが率先して監査役を取り立てることによっても、監査役の社内的な位置づけや評価が上がり、かつ、監査役の動機づけも監査の質も向上するという相乗効果が生まれることは大いにあり得ることである。しかし、そのようにトップの態度に依存した監査役の支持基盤は、トップが変わることで脆くも崩れ去る可能性もある。これに対して、トップの姿勢も含め、監査役を支持する心理的基盤や物理的基盤が整っているかどうかについて、常に外から評価されるというしくみ――仕掛け――があるとしたらどうだろうか。その外部評価がその企業の健全性を測る指標の一つとして用いられるようになれば、トップが変わったとしても監査役の置かれる状況が大きく変わらないようにしようとする力が組織の中に生じるのではないだろうか。こうした監査役の活動を支える基盤と態勢作りを促進する仕掛けは、間接的にではあれ、監査機能を活性化し不正な意志決定の抑制にも大いに貢献するはずである。

　経営判断を下すなどの意志決定を行うにあたり、それが適切なプロセスや決定手続きを経たかどうか。それを監視、牽制するシステムなど体制が整備され、不正な意志決定を抑制するための対策が講じられているかどうかに加えて、そうした対策が実効性を持って機能するための〝態勢〟作りがなされているかどうかについても、外部評価を導入することの重要性を理解していただけたかと思う。ただし、外部評価を導入するためには、何を評価するか、どういう点を評価するかということを明確にする必要がある。たとえば監査役に関してであれば、監査役が健全かつ効率的な経営を行う上で重要な役割を果たしていることが十分に理解され、彼らの活動を支援する環境が整っているかということを測る指標が必要になるだろう。

ここで再び、不適切な意志決定がなされないようにするという目的に立ち返ると、多くの企業では、決定プロセスのどの部分に注意を払うべきなのか明確にされておらず、そのため残念ながら「態勢作り」を問題にする以前の状況にあると言えるのではないだろうか。このような状況においてまず求められるのは、不適切な意志決定を抑制するためには何を問題とすべきか、他社ではなく自社における問題点を洗い出すことであろう。それによって初めて、どのような対策が講じられるべきなのかを考え始めることが可能になる。決定プロセスに見られる諸問題を洗い出すことなしに、その評価や改善は望むべくもない。日本社会にあって、意志決定プロセスの健全性の評価というしくみ作りという試みはまだ途に就いたばかりであり、今後取り組むべき重要な課題なのである。

第8章　意志決定監査と意志決定健全性格づけの必要性

本書の議論を終えるにあたり、組織における意志決定監査の将来像について、岡本の私見になるが、現時点での考えを公表しておきたい。

◆第三者による意志決定監査機関

意志決定監査の第三者による評価機構の必要性

中長期的な課題として、私は、法人の意志決定機構を第三者的な中立法人が監査するしくみが必要だと考えている。日本のこれまでの慣例から考えれば、それぞれの業界が、そのような監査機関を作るというのが比較的自然な形かもしれないが、私はそれでは不十分だと考えている。同じ業界では、馴れ合いの要素が除去しにくい。また、同じ業界の人には、特許や種々の競合のため、議事録なども見せにくいという事情も強く作用する。

最近も、最大手の会計監査法人の監査が長年粉飾されていた事例や、建築構造検査会社のチェックが大甘であったことが明るみに出たばかりである。産業界に限らず、ピアレビューの習慣が日本社会全般で確立していない。そのため、業界が作る意志決定監査機構では、組織の意志決定の健全さを十分捉えられない可能性があると考えられるのである。

意志決定の健全さの格付け機関

会社法人の意志決定の健全さについては、「Aプラス」「A」「Aマイナス」「Bプラス」などの格付け公表を事業とする法人があるとよいと考えている。それも、少なくとも二社あるのがよい。意志決定の健全さの格付けについて少なくとも二つの方式があり、大企業に対して両方が独自の手法と観点で格付けを公表するあり方がよいと考えている。格付けの手法を詳しく公表する必要は必ずしもない。後述するような格付けの影響が確立してゆけば、長期的な一貫性や直観的な妥当性の蓄積により、社会的には信頼性が確定していくものと考えられる。

格付けとしては二つの方式が考えられる。

（1）格付け基準が明示されていて、法人が自ら該当すると考える格付けに応募して評価を受ける方式。

（2）格付け基準がおおむね明示されていて、第三者機構が法人による自己評価の委嘱を受け、それに応えて格付け判定するもの。

意志決定の健全さ格付けシステムの社会的機能

格付けシステムの社会的機能として、（a）法人が意志決定機構の整備努力の方向付けと動機づけを得るメリット、（b）株式市場が、リスク回避可能性の判断材料のひとつとして意志決定機構の健全さについての評価を知るメリットの二つを期待することができる。

この（b）のメリットは、（a）のメリットを促進し、両者あいまって促進するようになることが期待される。意志決定の健全さは、その法人の不祥事リスクの目安になる可能性が高い。その格付けは、少なくとも株主にとっては価値ある情報になる。同種の指標が複数あれば、株価の安定性に対する予測変数としての競争関係が発生し、中長期的にはそれらの指標が格付けの信頼性、正確性を向上させる圧力が発生することが予測される。

格付けの組織健全性に対する十分な予測力が長期的に定着すれば、（c）損害保険の料率査定の要素としても用いられるメリットを生む可能性もある。そうなれば、意志決定の健全性をそれぞれの企業が自力で健全化しなければならないという本格的な内圧が高まることであろう。

◆組織における意志決定監査

意志決定監査を専門にする部署の必要性

意志決定の健全性を確保しようとするならば、本書でもたびたび指摘したように、法人は、会議の決議内容の適切性とは別に、意志決定の手続きが適正であったかどうかを監査するしくみとそれを専らにする部署を持つ必要がある。

この部署の機能は、定期的に、組織の意志決定について調査と評価を行うが、以下のことに留意する必要がある。

1　規模的に専業の意志決定部門を作りにくい場合は、委員会方式にして、四半期ごと、半期ごとに一定期間その仕事をする方式にすることが望ましい。その場合、多くの部署から薄く広く人材を集めることが必要である。

2　その部署に複数の取締役がいること。

3　意志決定監査部署が、通常の意志決定（拒否権行使も含めて）にかかわらず、意志決定過程の事後評価だけを行うことが明文化されている必要がある。

4　議案・決定の内容を吟味せず、手続きと過程だけを調査・評価の対象とすること。

5　必要に応じて、会議の出席者、意志決定の関与者からの事情聴取ができること。事情聴取に応じた人は、社内での匿名性が保証されること。

6　この意志決定監査部門の調査のみによってはどのような懲戒も発生しないこと。

7　すべての議案、すべての会議について意志決定監査をする必要はない。全体の何割かの抽出サンプルで構わないから、会議招集過程と意志決定過程を詳しく検討し、手続き遵守の程度を評価することが望ましい。

8　上記抽出サンプルはなるべく満遍なく作成されることが必要である。意志決定分野、重要度などによってクォタ（数量枠）を作成してサンプルするか、全体のランダム確率サンプルのどちらかで行うことが望ましい。

意志決定監査の細目

表８‐１に、法人意志決定監査の項目の一案を掲げる。意志決定が適切に行われるためには、少なくともこの目録くらいの事柄が必要だと考えられる。

この表の項目は概念基準である。実際の監査には、これら概念基準とそれぞれの組織の慣行にしたがった細目が必要である。細目の割り出しを容易にするために、それぞれの項目の意図するところを簡単に解説する。

表決基準と表決手続きの明瞭さ

多くの組織の会議では、「全会一致」が暗黙裏に了解され、異論がやまないときにあたかも「最後の」「例外的な」表決手段として投票が行われるというやり方が日常化している。その段になって、初めて、当該議題は過半数を要求するのか、３分の２を要求するのかが話題になることすら珍しくない。そうなると、可決基準をめぐって甲論乙駁することになるが、当然ながら、提案側は可決しやすい方法を、そして、非提案側は可決しにくい方法を主張してゆずらず、表決すら開始できないということが現実になる。したがって、投票の手続きと可決基準は、個々の会議が開始される前に全員に了解されていなくてはならない。

表8-1 意志決定監査の細目例

会議の種類・重要度の分類
決議が重要度によって適正に分類されているか 表決基準が、決議の重要度に対応しているか 会議のレベル、稟議のレベルが決議の重要度に対応しているか
議事手続きの整備
準全会一致の基準が設けられているか 可決基準が定められているか 可決基準が複数定められているか 無記名投票の定めがあるか 投票否認の手続きが定められているか 会議の招集方法が定められているか 会議の成立基準が定められているか 会議の招集方法が守られているか 会議欠席者による委任の手続きが明文化されているか 主要な提案者が議長とならない規程になっているか 議長を忌避する手続きが定められているか
議事録
議事録の必要な会議と不必要な会議が分類されているか 会議に参加していない人が議事録に手を入れることがないか
意志決定監査機能
議事手続き遵守の監査が制度化されているか 議事手続き監査の専任部署があるか 議事手続き監査のサンプル抽出がランダムに行われているか 議事手続き不遵守の申し立てへの受付手続きが定められているか 非常時の意志決定の事後監査が行われているか
拒否機関
意志決定の拒否だけを役割とする部署・役職があるか
属事的判断
属人的要素を除外して追認する部署・役職があるか
非常時の意志決定手続きの整備
定常状態と非常時の区別が手続き的に明文化されているか 非常時は終了することがデフォルトになっているか 表決内容が適時実施に移されているか

商法では、取締役会議において重要案件について3分の2以上の可決基準が定められている以外は過半数を可決基準としているが、現実には、全員一致に準じる可決基準を定めることが妥当なケースがあると考えられる。

それは、多くの組織では、大きな会議、公式の会議に出てくる案件は承認を期待して上程され、実質の検討が当該部署に大幅に委ねられていることが多いからである。そのため、違反性の高い原案は、全体会議に諮る前の部署内での原案形成過程で、あいまいな了解のもとでの全会一致の決議と見なされていることが多い。それらの原案形成過程に、全員一致に準じる可決基準と明瞭な意志決定プロセスの必要性が高いのである。

このような少人数での会議の場合には、比率による可決基準でなく、欠席と反対意見の合計人数が一定以下であることを条件とする可決基準があってよい。このような規定のしかたなら、招集手続きや定足数についての定めを緩和することもできるわけである。人数が少なく、議事録の作成もされない現場レベルの会議では、このような方式の採用可能性を検討するべきである。

いずれにせよ、部署の会議では、準全会一致の基準の必要性が高い。特に、安全基準を緩和する決定の実質的多くのものが現場で決定され、全体会議はその追認にすぎなかった面が強いことを鑑みるべきであろう。

部署よりも大きな単位の会議では、会議招集方法、会議成立のための定足数、会議欠席者の意見の取り扱い手続き、可決基準（議題によって弁別性があってよい）、投票手続きがワンセットで決まっている必要がある。

無記名投票と投票忌避の手続き

　また、重要な案件についての不賛成投票は、人事等への悪影響に対するおそれのために躊躇されることが少なくないことから、無記名投票するべき議案、無記名投票の際の投票手続き、および、投票方法として無記名投票を主張する場合の手続きなどについての定めがなければならない。

　投票時間を短縮する必要がある組織においては、碁石と投票箱を利用するなど、実情にあった投票方法についての合意があればよい。

　日本の組織では、しばしば、時間切れ等を口実とする強行採決が行われる（国会の状態から推して知るべし）。これを避けるためには、採決への反対意見が一定割合（3割とか2割）ないし一定人数以上あれば採決をしてはいけないということが明文化されている必要がある。ロバートの議事規則で討議を打ち切って採決に入る動議が3分の2の可決を要することになっていることを考えると、採決に対する反対動議の優先度を高くし、その動議の可決基準を3割程度の比率ないし人数で定めることは、意志決定の健全性にとって有益な措置であると考えられる。

議長について

　議長が中立であることの必要性は、本書で見たとおりである。日本の多くの組織では、これを過小視する傾向が強い。すなわち、「原案がしっかりしていれば、議長が誰であろうと可決される」「原案に問題があれば、議長が誰であろうと否決される」という素朴な楽観論、ないしは会議性善説的な感覚が強いのである。

年功序列的な慣行の強いところでは、最上席者が議長を務めながら、原案の説明を行い、その承認を要求することが多い。多くの組織で慣行となっているこのやり方が、きわめて危険であることは、本書をお読みになってすでに実感なさっておられることだろう。

しかし、百歩譲って、「すわりがよい」このやり方を通常は許容するとしても、それが不適切だと感じる人が有意な人数ないし割合入れば、議長を忌避し再選任することができるようになっていることは最低限必要である。また、この議長忌避のために必要な人数ないし割合は、過半数などよりはるかに低く、投票忌避のために必要な人数・割合と類似したものであることが適切だと考えられる。

議事録作成と管理について

議事録の作成と保存は必要性が高いが、すべてのレベルで発言の逐次記録を残すことは、手間も大きい上に、かえって自由な意見交換を阻害する可能性もある。議事録の類が必要とされない「懇談」、最終決定の要点と決定日時、出席者などだけのメモ、メモに関係者の捺印を求める議事概要、フルの議事録を残す議事録など、複数段階の記録方式が、議題と意志決定レベルによって弁別されるような取り決めがあることが望ましい。

多くの組織で、会議の議長ないし書記が作成した議事録に、そこに参加していなかったさらに上席者が「修文」を施すことが慣行となっている。文書管理を専門とする部署がせいぜい語句の統一をするくらいならまだしも、会議に参加していなかった上席者がたとえ「てにをは」であっても手を入れることは、厳に避けなければならない。会議の決定が上席者にとって不本意であった場合に、ニュアンスの変更が後々の拡大解釈の余地を残す可能性が小さくないからである。

したがって、メモ、議事概要、議事録のそれぞれについて、最終的な文責が実際に議事に参加した人にある定めのあることが必要である。

意志決定ルートの中に拒否だけを責務とする部署・役職があるか

提案権を持たず、拒否権だけを責務とする部署の設置は一般的に賢明な措置のひとつである。現場は、ひとつの案を排除するときは同じ効果を持つ別の案を作成しなければならないという圧力のもとで動いていることが多い。多くの意志決定の誤りが、その圧力から生じる。そこで、拒否権だけを責務とする部署があると、大きなリスクが提言できる可能性が飛躍的に高まる。拒否権の行使にあっても、提案母体が同じ原案を非常に高い賛成比率で再可決した場合には拒否が無効とされる規定があってもよい。

多くの組織では、課長、課長補佐などが原案作成の任にあり、課長、部長、審議役などがチェック機能の任にあるという形が慣行になっている。個々の稟議ルートの中にそのようなブレーキ役がいることが慣習として確立しているのなら、それを明文化するだけでも、意志決定の安全性が増す。稟議決裁の比率が高い組織では、このような方法が有効なこともある。

いずれにせよ、原案の否定的側面の評価が専業になる部署・役職の存在が望ましい。現場は原案作成過程で、原案に情緒的なコミットメント（愛着）を持っていて、原案の廃棄が適切だとわかっていてもできないことがあり得る。そのような場合、安全基準との整合性など否定的側面の検討が、心理的な要素もあって甘くなりがちである。

理事会と評議員会など、上位の承認過程が二つある場合には、そのどちらかにこのような役割を割り当てることもひとつの工夫である。

また、拒否権を行使する場合に拒否理由を挙げなくてよいことにしている方が、この考え方との一貫性は高い。

属事的判断

意志決定にはほとんどの場合に、属人的要素が含まれる。同じ案件でも、その案件の提案者が誰か、案件が裁可された場合に実施にあたるのが誰になりそうかなどの要素によって、是非の判断が微妙に影響を受けることはあり得ることである。重要案件については、意志決定プロセスの中に、この属人的要素を除外した判断プロセスを入れることが有益である。違法性の高い案件が、提案者や実施担当者、利害関係者の威光効果のもとで可決されることが多いからである。

また、少なくとも、懲戒人事の決定には、違反内容と違反当事者の氏名を分離して、分離しない判断と近い判断になるかどうかを確認するプロセスを置くことが賢明であると考えられる。

重大な懲戒事例には、重大な組織的違反や、重大な内部申告の当事者が関係していることが多い。事案の内容から見て、バランスを欠いた懲戒事例が、組織的違反傾向の継続を側面から支えていることが多いのである。

本書シリーズの『属人思考の心理学』に詳細を譲るが、属人的な過度な懲罰傾向が、不祥事のポテンシャルの主要なもののひとつである。

◆非常時の意志決定

多くの事例で、非常時の意志決定が、後の意志決定エラーの原因や遠因になるという現象が多く見られる。もう少し詳しく記述すると、非常時があり、非常時への対応は一応成功裏に行い、非常時を乗り切ったのだが、そのときに例外的に意志決定手続きを用いたことが仇となり、後々の意志決定手続きに問題が生じるようになるというケースなのである。

組織の運営が、大なり小なり、非常課題への対応をある頻度で迫られることは当然なことである。ところがそれが後の危機の遠因になるということが多いのであるから、この問題について、一度きちんと考えておくことが必要である。

通常の意志決定手続きを踏む時間的・組織的余裕がなく、特例的な意志決定方式をとるというのには、大きく分けて二つの場合が考えられる。

1　事故や不祥事が起こり、変化の速い事態や被害者からの要求に対処したりマスコミへの即時的な対応が必要なために、通常の意志決定手続きを踏むことができないケース。

2　前例のない企画や事態のため、従来の意志決定手続きが用いにくいケース。これは、新しい積極事案の場合と、事故・不具合の場合の両方があり、多くの場合、従来部署では分掌がはっきりしなかったり葛藤が生じたりするケースにあたる。

このような事情で緊急の意志決定が通常の意志決定手続きによらずに行われた後、緊急の手続きが通常となり、それまで維持されていた手続きや慣行が失われることがある。特に、その緊急事態がうまく乗り切れた後にそのようなことが起こりがちである。そのようなことを避けるためには、それが通常の手続きとは区別されるべきものであることを明示的に決定する手続きが必要である。そのような手続きが存在することによって、（a）当該の意志決定が迅速に行われる、（b）通常の意志決定手続きや慣行が維持されるという二つのメリットが得られる。

非常事態宣言の手続き

この意味で非常事態宣言がきちんと機能するためには、次の四つの要件が必要である。

（a）非常事態の開始が手続きのみによって規定されていること。
（b）非常事態の終了が自動的手続きまたは期間の長さによって明瞭に規定されていること。
（c）デフォルトが非常事態の終了になっており、それを延長することの適否が第三者的に判断されること。
（d）非常事態の適用が適切だったかどうかについて、事後的に審査があること。

非常事態の開始が、見込み被害総額や、トラブルの内容によって規定されていることがあり得るが、おおむね不適切である。見込み被害総額は、当初の予測の正確性が保証できないことがあるし、トラブルの内容によって規定されているのでは、本当の未曾有の事態に対応できなくなる。また、トラブルの内容や領域、関係する金額の多寡による規定では、拡張解釈や縮小解釈に利用される弊害もあり得る。したがって、非常事態の開始は、一定の取締役の合意とりつけなどの手続きによって規定されていることが望ましい。

次に、その非常事態がなし崩し的に通常の意志決定に用いられることを避けなければならない。そのためには、非常事態が続くという判断が積極的に維持されない限り、しかるべき時間が過ぎれば非常事態が自動的に停止するようになっていることが必要である。かつ、非常事態が継続される場合には、その適否について別途判断する手続きがあり、かつ、そのこと全体が後日の意志決定監査の対象になるしくみが必要である。

危機をうまく乗り切ったことが、後々もっと大きな危機の遠因になることがある。多くの場合、それは、このようなメカニズムで起こっている。非常時の意志決定と通常の意志決定を手続き的に区別することは、大きなメリットがあるのである。

◆意志決定監査が機能するための具体的な手法

意志決定監査が機能するためには、次のようなしくみが必要である。

1　意志決定監査をする第三者機関を作る。

2　各組織が意志決定自己評価をするための意志決定監査部署を作る。

3　第三者機関は、各組織の意志決定監査部門の就業者に、意志決定監査実行のための研修を行い、基準などをわからせる。

4　各組織の意志決定監査部門は研修で習得した知識に基づいて、意志決定の自己評価を行い、その結果を内部で周知させるとともに、第三者機関に自己報告書を送付する。

5　第三者機関は、必要に応じて独自調査を行う。独自調査には、議事録の点検、社員への聴き取り調査、関連社員への匿名アンケートなどが含まれる。

6　第三者機関は、自己報告書、自己報告書に基づく質疑、および独自調査に基づいて、意志決定の健全性について総合評価を下し、適切な手段で公表する。

あとがきにかえて——本シリーズの位置づけ

本書は、「組織の社会技術」シリーズの第2巻である。（独）科学技術振興機構社会技術研究開発センター社会心理学研究グループの研究成果に基づいているが、巻末にあたり、この研究組織の形成経過を記しておきたい。

1999年9月30日にＪＣＯ事故が起こった。事故収束後、政府はただちに事故調査委員会を招集した。委員の委嘱が故小渕恵三内閣総理大臣名でなされたこと、委員長に吉川弘之日本学術会議会長（当時）が任命されたことを見ると、政府がこの事故をきわめて重大なものと考えていたことがうかがわれる。また、事故調査委員会の委員に社会科学者二名が任命されたことも原子力関係では異例だった。岡本は、事故調査委員のひとりとして、事故の経緯をつぶさに学ぶこととなった。委員会は中間報告を経て、12月24日に最終報告として「ウラン加工工場臨界事故調査委員会報告」を内閣総理大臣に提出した。その報告書は、Ⅵ章「事故の背景についての考察」で、法的措置、工学的措置だけによって安全を確保するのには限界があり、社会科学の援用が必要であることを明記した。これが、社会技術研究の契機となった。

具体的な記述を若干例示するとつぎのようである。

したがって、今回のＪＣＯ臨界事故から得られる教訓として①的確な危機認識の形成とその維持の重要性、②的確な事前・事後の安全確保対応の策定、③安全確保対応のハード化、④ハード化が困難な部分について、ソフト型の安全確保対応の実現を保証するための安全確保支援（人文社会科学的な技術・技能という発想）の導入とその開発、⑤危機認識の形成と維持にはじまり、安全確保対応及び安全確保支援の策定・実現、並びにこれに要するコストの負担に至るまで、安全社会システムの総合設計の重要性、の５つが認識された。（Ⅵ‐18ページ）

（b）社会心理学的装置の導入：各種の安全確保対応や支援の健全な作用をより確実にするためには、その担い手である人間の心理面に着目した工夫が随所に凝らされるべきであろう。匿名性の排除（公的団体への従事者の登録制度、手順・作業申し送りの署名励行等）や作業環境の整備による責任感・自己知覚の向上など、心理学的に実証されている様々な効果をハード・ソフト両面から加える（社会心理学的装置）ことにより、人間が潜在的に有する責任感、向上心に適度な刺激を常に与え続けることが望まれる。（Ⅵ‐23ページ）

この報告書を受け、翌２０００年４月、科学技術庁（旧）のもとに「社会技術の研究開発の進め方に関する研究会」が組織された。座長は、この経緯から、ＪＣＯ事故調査委員長を務めた吉川弘之博士だった。この委員会には、後に初代、二代の社会技術研究システム統括をお務めになる加藤康宏さん（当時、科学技術事務次官）、佐藤征夫さん（当時、日本原子力研究所理事）のご両所とともに、岡本も委員として参加した。委員会は審議を重ね、同年12月に提言「自然科学と人文・社会科学の複数領域の知見を総合して新たな社会システムを構築していくための技術（社会技術）推進の必要等」をとりまとめ、それを受ける形で、２００１年３月の第二期科学技術基本計画（閣議決定）において、社会技術の構築がその政策の一つに位置づけられたのである。

吉川座長は、社会技術という概念を、科学技術と対置してつぎのように捉えておられた。

自然**科学技術**（自然科学を応用した技術）→**科学技術**

社会科学**技術**（社会科学を応用した技術）→**社会技術**

後には、社会技術の概念が「社会のために役立つ技術」と拡張され、脳研究や工学技術も包含するようになったが、社会技術研究の構想時点においては、あくまでも、社会科学的知見を用いた技術が意図されていたのである。

「社会技術研究システム」立ち上げのための作業は２００１年４月より開始されたが、「ミッション１」と呼ばれる研究群の立ち上げが日本原子力研究所（当時）のもとで行われたことが、ＪＣＯ事故からの経緯を雄弁に物語っている。社会心理学研究グループはその中核として、２００１年４月から専任研究員を擁し岡本の指揮のもとで研究に着手した。足立はその第一期の研究員として４月より着任、石川も当初非常勤研究員として着任した。

研究グループでは、ＪＣＯ事故を中心に、さまざまな組織不祥事の発生経緯、なかでもとりわけ組織心理学的な側面に注目して分析を行い、問題をつぎのように分割することとした。

（1）会議とインフォーマルな懇談による集団意志決定の機能不具合
（2）組織的違反の原因となる組織風土の特定と測定
（3）内部申告を含むコンプライアンス行動の人格要因と状況要因
（4）使命感・コンプライアンスを生む職業威信
（5）価値観などの主要態度の間接測定法の開発

本書は、この（1）の課題に関する研究成果の一部を公表するものである。
フォーマルな意志決定手続きが、すべての場合に用いられるとは限らない。調べてみると、不祥事が組織内で発覚したときに、それを公式の報告や意志決定のルートに載せるかどうか、さらに、前例が乏しい新しい探索的課題が行われているときにどの時点からそれを正規の意志決定手続きに載せるかなどについては、組織なり職場なりがもっている風土の影響がかなり強いことが考えられた。（2）の属人思考はそのような研究のすえ、私たちが捉えることに成功した思考傾向である。

意志決定手続きと組織風土の両方に問題がある組織が反社会的行動を継続し、意志決定によっても組織風土によっても反社会的行動を中断できない状態が継続すると、内部申告を含むコンプライアンス行動がそれに終止符を打ち得る最後の手段となってしまう。内部申告、コンプライアンスをめぐる規程は、現在、各組織で鋭意整えられつつあるが、実際のコンプライアンス行動は、規程そのものよりも、規程の心理的認知や周囲の同僚の価値判断の影響を強く受ける。適切な内部申告が行われ得るためには、社会心理学的環境の整備が必要である。それに関係する研究群が（3）である。

違反行動への影響因としてはさらに間接的だが長期的に重要なものとして、職業的使命感（ノブレス・オブリジェ）と職業的威信をあげることができる。従来、一次元モデルであった職業的威信の研究に改善を加え、私どもの研究では「職務的自尊心」「職能的自尊心」の二次元モデルで職業的自尊心を捉えることが妥当であることを実証した。それが（4）の研究群である。これらの知見は、企業研修やコンプライアンス研修、さらには、人事政策の構築に活用可能である。

このような心理学的社会技術プログラムの有効性を評価するためには、通常の質問紙方式による直接測定のほかに、被験者に測定次元の推測などがしにくくホンネの測りやすい測定手法が必要となる。（5）の研究はそのためのものである。

五年間の研究を終了するにあたり、こうして研究成果を概観するとあらためて胸に去来するものがある。この長い期間、私どもの研究を支えてくださった方々に御礼を申し上げたい。

本書については、とりわけ、三菱石油エンジ、沖縄石油備蓄会社の監査役として豊富な実務経験をお持ちで日本監査役協会会員でもいらっしゃる川端鋭憲さん（社会技術研究開発システム化学プロセス安全グループ研究員）より終始篤いご教示とご援助を賜った。

佐藤征夫博士（現在、東京女子医科大学事務局長・教授）は、２０００年４月の「社会技術の研究開発の進め方に関する研究会」に委員として私と同席されたいちばん最初のころから日本原子力研究所の社会技術担当理事をされ、研究システムが科学技術振興事業団に移ってからは、この事業団に移られ、理事と社会技術研究システム統括を4年目の5月まで兼務された。政府提言、立ち上げ、研究実施のほぼすべてのプロセスに立ち会われたことになる。その間、運営を指揮なさるだけでなく、若い研究者とランチをともにし、彼らの研究に身を乗り出すようにして関心を持ってくださった。その薫陶は年を経るごとに社会・学界の随所で開花することだろう。私にも、大所高所から、また地に足のついた視点からも、絶えず精神的援助と実質的支援を賜った。佐藤さんとの心の交流は大きな励みだった。感謝を記しておきたい。

初代の社会技術研究システム統括の加藤康宏さん（現在、海洋研究開発機構理事長）からも多くのご指導とご援助を賜った。

次長をなさった植田昭彦さん（現在、先端医療振興財団常務理事）とは、旧科技庁の未来技術予測の委員会につづいて二度目のご交誼となった。

立ち上げから原研時代の担当課長だった宮川修治さん（現在、日本原子力研究開発機構産学連携推進部次長）と根岸光治さん（現在、日本原子力研究開発機構システム計算科学センター業務課主査）からは、力強いバックアップをいただいた。研究に必要な資材調達に種々ご苦労をされながらも、私どもの研究成果を楽しみ、研究員の成長を目を細めて見守ってくださった。

平成18年1月まで社会技術研究開発センター・副センター長をお務めだった岩崎健一さんは、日本原子力研究所から科学技術振興事業団への移管時と、研究終了時の二期にわたって事務部門を統括してくださった。柔軟な思考で、多くの困難を克服してくださった。

平尾孝憲博士（研究開発主幹付）、小正繁男さん（運営室調査員）には、とりわけお世話になった。前任の泉直行さん（現在、ＪＳＴサテライト新潟事務局長）、嶋瀬俊太郎さん（現在、ＪＳＴ研究基盤情報部研究基盤課計画係長）から運営のバトンを最後に引き継がれ、最終ステージで難事山積のなか、研究者魂に感応した運営者魂を発揮してくださった。まごころあるご情熱は、深い感銘とともに生涯忘れられない。

市川惇信博士（東京工業大学名誉教授）は、初期には研究を評価するフォーラムの議長、最終年度にセンター長としてご指導いただいた。目配りゆきとどいたご采配で研究に好適な環境を創出し維持しつづけて下さった。

堀井秀之さん（東京大学工学系研究科教授）は全研究期間、研究副統括、研究統括として岡本の相談に乗り、要求水準を明確化することで多くの刺激をくださるとともに、予算を含む研究資源の確保に努めてくださった。

この五年強、あまりに忙しく、これらの人々と酒を酌み交わす時間はおろか、ゆっくり御礼を述べるいとまもない生活だった。この場を借りて御礼を申し上げる。ほかにも、ミッション1の同僚研究者、期なかばで異動された運営室職員の方々など多くの方々のご支援を賜った。すべての方のお名前を記す紙幅に恵まれないが、御礼を申し上げる。

政府主導の予算で絶えず評価を受けながら大きな研究を進めるという経験は文科系では稀有で、私自身も成長の機会を得た。この年月は生涯の宝である。この間、研究へ没頭が可能だったのは、高木栄作さん（東洋英和女学院大学人間科学部教授）をはじめとする職場の同僚教授がたの友誼によるところが大きい。

応用社会心理学研究に本来あるべき陽の目がきちんとあたる時代がやがてわが国の学界にも訪れることを憧みたい。私どもの研究がそこへ至る道標のささやかなひとつとして顧みられる日があれば幸いである。本叢書に託した私どもの願いを容れ、出版を決断し、一般の方々に役立てていただける本に仕上げてくださったのは、新曜社の塩浦暲さんである。感謝申し上げる。

そしてなにより最後に、五年半というこの長い期間、研究に携わってくれた社会技術研究の仲間たちに篤い感謝を記す。ありがとうございました。

平成18年水無月

岡本浩一

組織の社会技術2
会議の科学
健全な決裁のための社会技術

初版第1刷発行　2006年8月16日©

著　者　岡本浩一・足立にれか・石川正純
発行者　堀江　洪
発行所　株式会社 新曜社
〒101-0051　東京都千代田区神田神保町2-10
電話 03-3264-4973㈹・FAX 03-3239-2958
e-mail　info@shin-yo-sha.co.jp
URL　http://www.shin-yo-sha.co.jp/
印刷　光明社　Printed in Japan
製本　光明社
ISBN4-7885-1006-5 C1011

著者紹介

岡本浩一（おかもと　こういち）

東洋英和女学院大学人間科学部教授。内閣府原子力委員会専門委員兼務。1980 年，東京大学文学部卒業。1985 年，東京大学大学院社会学研究科第一種博士課程単位取得満期退学。2000 年，社会学博士（東京大学）。1993-94 年，フルブライト助教授としてオレゴン大学のポール・スロヴィック教授のもとよりリスク心理学の手法をわが国にもたらす。ＪＣＯ臨界事故，東電シュラウド傷不報告事例など多くの事故・不祥事で政府の調査委員をつとめる。2001-2006 年，日本原子力研究所社会技術研究システム（後に，科学技術振興機構·社会技術研究開発センターに移管·改組）社会心理学研究グループ・リーダー兼務。また，学校法人裏千家学園茶道専門学校理事を兼務。『社会心理学ショートショート』(新曜社）は，大学教科書の古典として広く用いられる。他に『無責任の構造』『権威主義の正体』（ＰＨＰ新書），『リスク・マネジメントの心理学』（共編著，新曜社），『ＪＣＯ事故後の原子力世論』（ナカニシヤ出版），『属人思考の心理学』（鎌田晶子と共著，新曜社）など。

足立にれか（あだち　にれか）

1993 年，奈良女子大学文学部卒業。2001 年，お茶の水女子大学大学院人間文化研究科博士課程満期退学。2001-2006 年，日本原子力研究所社会技術研究システム（後に，科学技術振興機構・社会技術研究開発センターに移管·改組）社会心理学研究グループ研究員。主著に “Motivation styles to speak out, decision rules, and group size as determinants of group decision making”.（石川，岡本と共著，In R. Shiratori, K. Arai & F. Kato (Eds.), *Gaming, Simulations and Society: Research scope and perspective*. Springer Verlag, 2004, Pp.149-158.）「集団意志決定の落とし穴」（石川と共著，岡本·今野（編著）『リスク·マネジメントの心理学』2003, Pp,157-188, 新曜社），『インターネットの心理学』（分担，学文社，2002）

石川正純（いしかわ　まさより）

北海道大学病院分子追跡放射線医療寄附研究部門・特任助教授。

1996 年，京都大学工学部卒業。1999 年，京都大学大学院エネルギー科学研究科博士後期課程退学。2002 年，博士（エネルギー科学）。2006 年より現職。

主著に "Development of a wide-range paired scintillator with optical fiber neutron monitor for BNCT irradiation field study,"（共著：筆頭著者，*Nuclear Instruments and Methods*, A551, Pp.448-457, 2005.）「非侵襲的ホウ素濃度測定システムの基礎検討」（平澤雅彦，富谷武浩，村山秀雄，星正治と共著，『医学物理』25-1, Pp.3-12, 2005.）「集団意志決定の落とし穴」（足立と共著，岡本・今野（編著）『リスク・マネジメントの心理学』2003, Pp.157-188, 新曜社）

索　引

◆さ行

◆な行

◆は行

◆わ行

引用・参考文献

Ackerman, F., 1996. Participants' perceptions on the role of facilitators using Group Decision Support Systems. *Group Decision and Negotiation, 5* (1), 93-112.

足立にれか・石川正純, 2003.「集団意志決定の落とし穴」岡本浩一（編著）『リスク・マネジメントの心理学』新曜社 .

足立にれか・石川正純・岡本浩一, 2003.「決議の規定因としての発話態度, 決定ルールおよび集団サイズ」『社会技術研究』*1*, 278-287.

安達勉・澤田直孝・福山穣, 1997.『会議の開き方・すすめ方・まとめ方』実務教育出版 .

Allgeier, A. R., Byrne, D., Brooks, B., & Revnes, D., 1979. The waffle phenomenon: Negative evaluations of those who shift attitudinally. *Journal of Applied Social Psychology, 9*, 170-182.

Anson, R., Bostrom. P., & Wynne, B., 1995. An experiment assessing group support system and facilitator effects on meeting outcomes. *Management Science, 50* (5), 11-55.

Arrow, K. J., 1963. *Social Choice and Individual Values* (2nd ed.) . New Haven, CT: Yale University Press.

Ash, S. E., 1946. Forming impressions of personality. *Journal of Abnormal and Social Psychology, 41*, 258-290.

Asch, S. E., 1956. Studies of independence and conformity: I. A minority of one against a unanimous majority. *Psychological Monographs, 70*, 1-70.

Belbin, M. R., 2003. *Management Teams: Why they succeed or fail* (2nd ed.), Amsterdam; London: Elsevier Butterworth-Heinemann.

Brown, R., 1988. *Group Processes*. Blackwell.（黒川正流・橋口捷久・坂田桐子（訳）, 1993.『グループ・プロセス』北大路書房 .）

Clawson, V. K., Bostrom, R. P., & Anson, R., 1993. The role of the facilitator in computer-supported meetings. *Small Group Research, 24* (4), 547-565.

Condorcet, Marquis de, 1785. *Essai sur l'Application de l'Analyse, á la probabilité des Decisions Rendues á la pluralieté des voix*. Paris.

Crott, H. W. & Werner, J., 1994. The Norm-Informaition-Distance Model: A stochastic approach to preference change in group interaction. *Journal of Experimental Social Psychology, 30*, 68-95.

Crott, H.W., Werner, J., & Hoffmann, C., 1996. A probabilistic model of opinion change. In Erich H. Witte & James H. Davis (Ed.), *Understanding Group Behavior*, Vol.1: *Consensual Action by Small Groups*. (pp.15-34), Hillsdale, NJ, US: Lawrence Erlbaum Associates, Inc.

Darley, J. M. & Gross, P. H., 1983. A hypothesis-confirming bias in labeling effects. *Journal of Personality and Social Psychology, 44*, 20-33.

Davis, J. H., 1973. Group decision and social interaction: A theory of social decision schemes. *Psychol. Rev., 80*: 97-25.

Davis, J. H., 1996. Group decision making and quantitative judgments: A consensus model. In E. Witte & J. H. Davis (Eds.) *Understanding Group Behavior:* Vol.1. *Consensual Action by Small Groups*. (pp.35-59), Hillsdale, NJ: Erlbaum.

Davis, J. H., Hoppe, R., & Hornseth, J. P., 1968. Risk-taking: Task response patterns and grouping. *Organizational Behavior and Human Performance, 3*, 124-142.

Davis, J. H. & Restle, F., 1963. The analysis of problems and prediction of group problem solving. *Journal of Abnormal and Social Psychology, 66*, 103-116.

Davis, J. H., Stasser, G., Spitzer, C. E., & Holt, R. W., 1976. Changes in group members' decision preferences during discussion: An illustration with mock juries. *Journal of Personality and Social Psychology, 34*, 1177-1187.

Diehl, M. & Strobe, W., 1987. Productivity loss in brain-storming groups: Toward the solution of riddle. *Journal of Personality and Social Psychology, 53*: 497-509.

Diehl, M. & Strobe, W., 1991. Productivity loss in idea-generating groups: Tracking down the blocking effect. *Journal of Personality and Social Psychology, 61*（3）: 392-403.

Dommel, H. P. & Garcia-Luna-Aceves, J. J., 1997. Floor control for multimedia conferencing and collaboration. *Multimedia Systems, 5*: 23-38.

Doyle, M. & Straus, D., 1976. *How to Make Meetings Work*. New York, NY: Wyden Books.（斉藤聖美（訳），2003.『会議が絶対うまくいく法』日本経済新聞社.）

Dubrovsky, V.J., Kiesler, S., & Sethna, B.N., 1991. The equalization phenomenon: Status effects in computer-mediated and face-to-face decision-making groups. *Human Computer Interaction, 6*（2）: 119-146.

Festinger, L., 1957. *A theory of Cognitive Dissonance*. Stanford University Press.

Fishbein, M. & Ajzen, I., 1975. *Belief, Attitude. Intention and Behavior: An introduction to theory and research, Reading*. MA: Addison-Wesley.

藤野信雄，2002.『監査役の法律実務』〈新版〉 日本経済新聞社.

深見光洋，1999.『コーポレート・ガバナンス入門』筑摩書房.

Furuta, K. & Kondo, S., 1992a. Group reliability analysis. *Reliability Engineering and System Safety, 35*, 159-167.

Furuta, K. & Kondo, S., 1992b. Group reliability analysis. *Reliability Engineering and System Safety, 38*, 193-198.

Garman, M. & Kamien, M., 1968. The paradox of voting: Probability calculation. *Behavioral Science, 13*, 306-316.

Griffith, T. L., Fuller, M. A., & Northcraft, G. B., 1998. Facilitator influence in group support systems: Intended and unintended effects. *Information Systems Research, 9*（1），20-36.

浜田康，2002.『「不正」を許さない監査』日本経済新聞社.

原 聰，1996.「供述分析」佐々木正人（編）『想起のフィールド』（pp.155-188），新曜社.

原 聰, 2001.「刑事事件に関わる供述分析」『POPE』，（2），5-7.

Helmreich, R. L. & Merritt, A. C., 1998. *Culture at Work in Aviation and*

Medicine: National, organizational, and professional influences. Aldershot, U.K: Ashgate. pp.53-105.

Helmreich, R. L., Wilhelm, J. A., Klinect, J. R., & Merritt, A. C., 2001. Culture, error and crew resource management. In E. Salas, C. A. Bowers, & E. Edens (Eds.), *Improving Teamwork in Organizations: Applications of resource management training*. (pp.305-331), Hillsdale, NJ: Erlbaum.

Helmut, W., Crott, J. W., & Hoffman, C., 1996. A Probabilistic model of opinion change. In E. H. Witte & J. H. Davis (Ed.), *Understanding Group Behavior*, Vol.1: *Consensual Action by Small Groups*. (pp. 15-34), Hillsdale, NJ, US: Lawrence Erlbaum Associates, Inc.

Hirokawa, R. Y. & Gouran, D. S., 1989. Facilitation of group communication. *Management Communication Quarterly, 3*, 71-92.

堀公俊, 2004.『ファシリテーション入門』日本経済新聞社 .

Hovland, C. I., Harvey, O., & Sheriff, M., 1957. Communication discrepancy as determination of opinion change. *Journal of Abnormal Social Psychology, 55*: 242-256.

ヒューマン・マシン・システム（HMS）研究部会　JCO 事故調査特別作業会, 2000.『JCO 事故におけるヒューマンファクター上の問題』日本原子力学会 .

Hunter, J. E., Danes, J. E., & Cohen, S. H., 1984. *Mathematical Models of Attitude Change* (Volume 1), New York: Academic Press.

茨城県検察庁, 2001. JCO 検察側冒頭陳述 .

家近正直・井上輝一・笹尾慶蔵・大川博通・武井一浩・平田雅彦, 2004.「新たなる監査役像を求めて」『月刊監査役』No.484, 3-40.

飯尾潤, 2001.「政策とオーラルヒストリー：行政改革における官僚と政治」文部科学省・科学研究費補助金（C.O.E. 形成基礎研究費）による「オーラル・メソッドによる政策の基礎研究」（平成 12-16 年度, 研究リーダー：御厨貴）の研究成果報告書「オーラルヒストリーの課題と実践：過去と未来との対話」（政策研究大学院大学 C.O.E. オーラル・政策研究プロジェクト）, 27-52.

池田謙一, 1993.『社会のイメージの心理学：ぼくらのリアリティはどう形成

されるか』サイエンス社．
池田謙一，2000.『コミュニケーション』東京大学出版会．
五百旗頭真，2003.「基調講演　平成14年度文部科学省科学研究費補助金特別推進研究（C.O.E.）研究成果報告書」［課題番号12CE2002］国際シンポジウム「21世紀のオーラルヒストリー：政策研究の視点から」（政策研究大学院大学C.O.E.オーラル・政策研究プロジェクト），11-26.
石井裕，1994.『グループウェアのデザイン』共立出版．
伊藤隆，2001.「オーラルの実態と今後の方法論について：人の選定から公開・著作権問題まで」文部科学省・科学研究費補助金（C.O.E.形成基礎研究費）による「オーラル・メソッドによる政策の基礎研究」（平成12-16年度，研究リーダー：御厨貴）の研究成果報告書「オーラルヒストリーの課題と実践：過去と未来との対話」（政策研究大学院大学C.O.E.オーラル・政策研究プロジェクト），5-23.
Janis, I. L., 1982. *Groupthink: Psychological studies of policy decisions and fiascoes.* 2nd ed., Boston: Houghton Mifflin.
Kameda, T., 1991. Procedural influence in small-group decision making: Deliberation style and assigned decision rule. *Journal of Personality and Social Psychology, 61* (2), 245-256.
Kameda, T., 1996. Procedural influence in consensus formation: Evaluating group decision making from a social choice perspective, In E. H. Witte & J. H. Davis (Ed.), *Understanding Group Behavior*, Vol.1. (pp.137-161), Hillsdale, NJ, US: Lawrence Erlbaum Associates.
亀田達也，1997『合議の知を求めて』共立出版．
亀田達也・村田光二，2000.『複雑さに挑む社会心理学：適応エージェントとしての人間』有斐閣．
亀田達也・仁平勲，1993.「逐次的合意形成過程の分析：“根回し”のシミュレーション」『日本グループ・ダイナミックス学会第41回大会発表論文集』pp.26-29.
Kameda, T., Stasson, M. F., Davis, J. H., Parks, C. D., & Zimmerman, S. K., 1992. Social dilemmas, subgroups, and motivation loss in task-oriented groups: In

search of an “optimal” team size in division work. *Social Psychology Quarterly, 55*, 47-56.

Kameda, T. & Sugimori, S., 1995. Procedural influence in two-step group decision making: Power of local majorities in consensus formation. *Journal of Personality and Social Psychology, 69* (5), 865-876.

Kiesler, S., Siegel, J., & McGuire, T.W., 1984. Social Psychological aspects of computer-mediated communication. *American Psychologist, 39*: 10, 1123-1134.

Kiesler, S. & Sproull, L., 1992. Group decision making and communication technology. *Organizational Behavior and Human Decision Processes, 52* (1) : 96-123.

Latané, B. & Wolf, S., 1981. The social impact of majorities and minorities. *Psychological Review, 88*, 438-453.

Laughlin, P. R. & Futoran, C. G., 1985. Collective induction: Social combination and sequential transition. *Journal of Personality and Social Psychology, 61* (2), 245-256.

Laughlin, P. R. & Hollingshead, A. B., 1995. A theory of collective induction. *Organizational Behavior and Human Decision Processes, 48*, 608-613.

Li, D., Wang, Z., & Muntz, R., 1999. ‘Got COCA?’ A new perspective in building electronic meeting systems. *ACM WACC ’99 International Conference on Work Activities Coordination and Collaboration*, San Francisco, pp.89-98.

Loftus, E. F., 1980. *Eyewitness Testimony*. Harvard University Press.（西本武彦（訳）, 1987.『目撃者の証言』誠信書房 .）

Lorge, I. & Solomon, H., 1995. Two models of group behavior in the solution of Eureka-type problems. *Psychometrika, 20* (2) , 139-148.

McGrath, J. E. & Hollingshead, A. B., 1994. *Groups Interacting with Technology: Ideas, evidence, issues, and an agenda*. Thousand Oaks, CA: Sage.

Merritt, A.C. & Helmreich, R.L., 1996. Human factors on the flightdeck: The influence of national culture. *Journal of Cross-Cultural Psychology, 27* (1), 5-24.

御厨貴 , 2002.『オーラル・ヒストリー』中公新書 .

御厨貴・石原直紀, 2001.「対談　文化としてのオーラルヒストリー：日米の比較をもとに」『POPE』(2), 1-4.
ミラーセンター（ヴァージニア大学）(Miller Center of Public Affairs) http://millercenter.virginia.edu/
森谷英樹・上田泰, 1987.「企業における情報行動の分析」『経済経営研究』Vol.7-2.
NARA: National Archives and Records Administration（米国国立公文書館）http://www.archives.gov/
日本ファシリテーション協会　http://www.faj.or.jp/index.shtml
日本監査役協会, 2002.『協会ニュース』2002 年 7 月号　第 1 回　今月の監査役.
日本監査役協会, 2003.『協会ニュース』2003 年 2 月号　第 8 回　今月の監査役.
日本監査役協会, 2003.『協会ニュース』2003 年 3 月号　第 9 回　今月の監査役.
日本監査役協会, 2003.『協会ニュース』2003 年 5 月号　第 11 回　今月の監査役.
日本監査役協会, 2004a. 第四回ネットアンケート「委員会設置会社への移行動向等コーポレート・ガバナンスに関するアンケート」(平成 16 年 5 月).
日本監査役協会, 2004b. 第五回ネットアンケート（1)「株主総会対応に関するアンケート《監査役設置会社版》」(平成 16 年 9 月)
日本監査役協会, 2004c. 第五回ネットアンケート（2)「株主総会対応に関するアンケート《委員会等設置会社版》」(平成 16 年 9 月)
日本監査役協会ケース・スタディ委員会, 2002.「監査役監査体制と監査活動に関する調査結果報告書」(平成 14 年 9 月)（123 社を対象）日本監査役協会.
日本監査役協会ケース・スタディ委員会, 2003.「企業不祥事防止と監査役の役割」(平成 15 年 9 月)
日本監査役協会本部監査役スタッフ研究会, 2004.「監査役／監査役委員スタッフ意識調査」(平成 16 年 9 月)
日本監査役協会監査法規委員会, 2003.「監査役から見た平成 14 年度商法・商法特例法改正の捉え方」(平成 15 年 4 月)
日本能率協会編, 1982.『ビジネス会議の効率化』日本能率協会.
Noelle-Neumann, E., 1993. *The Spiral of Silence* (2nd ed.) . Chicago: The University of Chicago Press.（池田謙一・安野智子（訳), 1997.『沈黙の螺

旋理論』ブレーン出版 .)

Nunamaker, J. F., Jr., Applegate, L. M., & Konsynski, B. R., 1987. Facilitating group creativity: Experience with a Group Decision Support System. *Journal of Management Information Systems, 3* (4), 5-19.

岡本浩一・今野裕之（編著), 2003.『リスク・マネジメントの心理学』新曜社 .

大橋靖史・森直久・高木光太郎・松島恵介, 2002.『心理学者、裁判と出会う』北大路書房 .

Oral History Research Office（オーラル・ヒストリー・リサーチ・オフィス（コロンビア大学)） http://www.columbia.edu/cu/lweb/indiv/oral/index.html

Osborn, A. F., 1957. *Applied Imagination.*（rev. ed.）New York: Scribner.

Petty, R. E. & Cacioppo, J. T., 1981. *Attitudes and Persuasion: Classic and contemporary apporoaches,* Dubuque, IA: W. C. Brown Company Publishers.

Prakken, H. & Gordon, T. F., 1999. *Rules of Order for Electronic Group Decision Making: A formalization methodology.* Collaboration between Human and Artificial Societies, 246-263.

Presidential Libraries（米国大統領図書館）
http://www.archives.gov/presidential_libraries/index.html

Reason, J., 1997. *Managing the Risks of Organizational Accidents.* Ashgate.（塩見弘（監訳), 高野研一・佐相邦英（訳), 1999.『組織事故』日科技連 .)

Robert Ⅲ, H. M., Evans, W. J., & Cleary, J. W., 1981. *The Scott, Foresman Robert's Rules of Order Newly Revised.* Illinois: Scott, Foresman and Company.（安藤仁介（監訳), 1986.『ロバート議事規則・日本語版』ロバート議事規則研究所 .)

Robert Ⅲ, H. M., Evans, W. J., Honemann, D. H., & Balch, T. J., 2000. *Robert's Rules of Order Newly Revised.*（10th ed.）Cambridge, Massachusetts: Perseus Publishing.

佐伯胖, 1980.『「きめ方」の論理:社会的決定理論への招待』東京大学出版会 .

斉藤孝, 2002.『会議革命』PHP 研究所 .

Schwarz, R. M., 1994, *The Skilled Facilitator: Practical wisdom for developing effective groups.* San Francisco, Jossey-Bass.

千名貴志，2001.『だれでも成功する会議の開き方・進め方』実業之日本社．

Shaw, M. E., 1932. Comparison of individuals and small groups in the rational solution of complex problem. *American Journal of Psychology, 44*, 491-504.

Smoke, W. & Zajonc, R. B., 1962. On the reliability of group judgments and decisions. In J. Crisswell, H. Solomon, P. Suppers (Ed.), *Mathematical Methods in Small Group Processes*, (pp. 322-333), Stanford, CA: Stanford Univ. Press.

Snyder, M. & Cantor, N., 1979. Testing hypotheses about other people: The use of historical knowledge. *Journal of Personality and Social Psychology, 15* (4), 330-342.

Snyder, M. & Gangestad, S., 1981. Hypothesis-testing processes. In J. H. Harvey, W. J. Ickes, & R. F. Kidd (Eds.), *New Direction in Attribution Research,* Vol.3. Hillsdale, NJ: Lawrence Erlbaum. pp.171-196.

Stasser, G., 1992. Information salience and the discovery of hidden profiles by decision-making groups: A "thought experiment." *Organizational Behavior and Human Decision Processes, 52* (1), 156-181.

Stasser, G. & Davis, J. H., 1977. Opinion change during group discussion. *Personality and Social Psychology Bulletin, 3*, 252-256.

Stasser, G. & Stewart, D., 1992. Discovery of hidden profiles by decision-making groups: Solving a problem versus making a judgment. *Journal of Personality and Social Psychology, 63* (3), 426-434.

Stasser, G., Taylor, L. A., & Hanna, C., 1989. Information sampling in structured and unstructured discussions of three- and six-person groups. *Journal of Personality and Social Psychology, 57* (1), 67-78.

Stasser, G. & Titus, W., 1985. Pooling of unshared information in group decision making: Biased information sampling during discussion. *Journal of Personality and Social Psychology, 48* (6), 1467-1478.

Stasser, G. & Titus, W., 1987. Effects of information load and percentage of shared information on the dissemination of unshared information during group discussion. *Journal of Personality and Social Psychology, 53* (1), 81-93.

Stasser, G. & Vaughan, S. I., 1996. Models of participation during face-to-face. In

E. H. Witte & J. H. Davis (Ed.), *Understanding Group Behavior*, Vol.1 (pp.165-192). Hillsdale, NJ, US: Lawrence Erlbaum Associates, Inc.

Steiner, I. D. & Rajaratnam, N., 1961 A model for the comparison of individual and group performance, *Behavioral Science, 6*, 142-147.

Stewart, D. & Stasser, G., 1995. Expert role assignment and information sampling during collective recall and decision making. *Journal of Personality and Social Psychology, 69* (4), 619-628.

Stoner, J. A. F., 1968. Risky and cautious shifts in group decisions: the influence of widely held values. *Journal of Experimental Social Psychology, 4*, 442-459.

Strobe, W. & Diehl, M., 1994. Why groups are less effective than their members: On productivity losses in idea-generating groups, *European Review of Social Psychology, 5*, 271-303.

高橋誠, 1987.『会議の進め方』日本経済新聞社.

武田知己, 2002.「コロンビア大学オーラル・ヒストリー・リサーチ・センター訪問記」『POPE』(5), 5-7.

田村達也, 2002.『コーポレート・ガバナンス』中央公論新社.

Tedeschi, J. T., Schlenker, B. R., & Bomoma, T. V., 1971. Cognitive dissonance: Private ratiocination or public specutacle? *American Psychologist, 26*, 685-695.

Thomas, E. J. & Fink, C. F., 1961. Models of group problem solving. *Journal of Adnormal & Social Psychology, 63*, 53-63.

利光三津夫・森征一・曽根泰教, 1980.『満場一致と多数決』日本経済新聞社.

ウラン加工工場臨界事故調査委員会, 1999.『ウラン加工工場臨界事故調査委員会報告』第1回資料第1-16号, 原子力安全委員会.

ウラン加工工場臨界事故調査委員会, 1999.『ウラン加工工場臨界事故調査委員会報告』第2回資料第2-3-2号, 原子力安全委員会.

内海英博, 2004.『コーポレートガバナンス』日本実業出版社.

Valacich, J. S., Dennis, A. R., & Connolly, T., 1994. Idea generation in computer-based groups: A new ending to an old story. *Oraganizational Behavior and Human Decision Processes. 57* (3), 448-467.

Weatherall, A. & Nunamaker, J., 1999. *Getting Results From Electronic Meetings.*

Electronic Meeting Solutions Limited, Hampshire, U.K.（関口義一・比嘉邦彦・佐藤完治・米津治彦・佐川真（訳），2000.『e ミーティング』株式会社富士通経営研修所 .）

Weitzel, A. & Geist, P., 1998. Parliamentary procedure in a community group: Communication and vigilant decision making. *Communication Monographs*, Vol.65, 244-259.

山田富秋・好井裕明，1991.『排除と差別のエスノメソドロジー』新曜社 .

読売オンライン　三菱自ハブ破損、94 年に「対策会議」…危険性を認識（2004/3/17）

読売オンライン　三菱自クラッチ欠陥隠し、リコール検討会議前に方針（2004/5/22）

ヤング，J. S.（Young, J. S.）・カンディアー，M.（Kandiah, M.）・飯尾潤・牧原出，2003.「公人のオーラルヒストリー」平成 14 年度文部科学省科学研究費補助金特別推進研究（C.O.E.）研究成果報告書［課題番号 12CE2002］国際シンポジウム「21 世紀のオーラルヒストリー：政策研究の視点から」（政策研究大学院大学 C.O.E. オーラル・政策研究プロジェクト）pp.41-80.

Zimmerman, P. D., 1997. *Robert's Rules in Plain English*. Canada: Harpercollins.（立木茂雄（監訳），2002.『民主主義の文法』萌書房 .）

付　録

（1）

亀田の理論によると、満足すべき条件が2つある案件に対して6人で審査を行う場合、それぞれの条件が受け入れられる確率をp_1, p_2（$0<p_1<1, 0<p_2<1$）とすると、全体判断で提案された案が採用される確率$P_{全体}$は、

$$P_{全体} = \sum_{n=4}^{6} {}_6C_n \ (p_1p_2)^n \ (1 - p_1p_2)^{6-n}$$

と表される。（注：ここで$n = 4 \sim 6$となっているのは、多数決ルールを採用しているためである。）一方、条件判断で採用される確率$P_{条件}$は、

$$P_{条件} = \left(\sum_{n=4}^{6} {}_6C_n p_1^{\ n} (1 - p_1)^{6-n}\right) \cdot \left(\sum_{n=4}^{6} {}_6C_n p_2^{\ n} (1 - p_2)^{6-n}\right)$$

と表現できる。ここで、$P_{条件} - P_{全体}$を計算してみると、$P_{条件} - P_{全体} > 0$となるので、条件判断が採用される確率は、全体判断に比べて常に高いということになる。

また、亀田は、2つある条件のどちらかを満たせばよい場合についても考察を行っている。この場合、全体判断で提案された案が採用される確率$P_{全体}$は、

$$P_{全体} = \sum_{n=4}^{6} {}_6C_n \ (1 - (1 - p_1)(1 - p_2))^n \ ((1 - p_1)(1 - p_2))^{6-n}$$

と表され、条件判断で採用される確率$P_{条件}$は、

$$P_{\text{条件}} = 1 - \left(1 - \sum_{n=4}^{6} {}_6C_n \,(1 - p_1)^n \cdot {p_1}^{6-n}\right) \cdot \left(1 - \sum_{n=4}^{6} {}_6C_n \,(1 - p_2)^n \cdot {p_2}^{6-n}\right)$$

となる。同様に、$P_{\text{全体}} - P_{\text{条件}}$を計算してみると、常に$P_{\text{全体}} - P_{\text{条件}} > 0$となっている。したがって、条件を1つでも満足すればよい場合には、全体判断で採決を取ることにより、採用される確率を高くすることができるのである。

（2）

個人が問題を解決する確率をpとすると、r人のグループが問題を解決できる確率Pは、少なくとも問題を解決できる人が1人でもいる場合、

$$P = 1 - (1 - p)^r$$

となり、さらに、問題を解決できる人数がs人の場合、

$$P = \sum_{\forall s \neq 0} {}_rC_s\, p^s \,(1 - p)^{r-s}$$

となることを導いた。

（3）

r人のグループが、選択肢$A_1, A_2, \cdots, A_n$の中からそれぞれ1つずつ選択肢を選ぶ組み合わせは、

$$m = {}_{n+r-1}C_r = \frac{(n + r - 1)!}{r! \cdot (n - 1)!}$$

と表される。ここで、それぞれの組み合わせが選ばれる確率を$\pi = (\pi_1, \pi_2, \cdots, \pi_m)$とし、それぞれの選択肢がグループ全体の結論となる確率（分布）を$\mathrm{P} = (P_1, P_2, \cdots, P_n)$とするとその確率は、

$$P = D\pi \Rightarrow \begin{bmatrix} P_1 \\ P_1 \\ \mathrm{M} \\ P_n \end{bmatrix} = \begin{bmatrix} d_{11} & d_{12} & \cdots & d_{1m} \\ d_{21} & d_{22} & \cdots & d_{2m} \\ \mathrm{M} & \mathrm{M} & \mathrm{O} & \mathrm{M} \\ d_{n1} & d_{n2} & \cdots & d_{nm} \end{bmatrix} \begin{bmatrix} \pi_1 \\ \pi_2 \\ \mathrm{M} \\ \pi_m \end{bmatrix}$$

で表されると仮定した。ここで、行列Dは確率分布 π から確率分布Pを導くための確率行列であり、要素 d_{ij} は、理論あるいは経験的データから決定されるパラメータである。通常、ある組み合わせが選ばれる確率の分布 π は未知であるので、実験で直接推定するか、理論的に導く必要がある。そこで、それぞれの選択肢が選ばれる確率 $p_1, p_2, \cdots, p_n$ は、個人の選好データを元に統計的に推定可能であることから、ある組み合わせが選ばれる確率 π_i を、

$$\pi_i = \frac{r!}{r_1! \cdot r_2! \cdots r_n} \; p_1^{r_1} p_2^{r_2} \cdots p_n^{r_n}$$

となると仮定している。ここで、$r_1, r_2, \cdots, r_n$ は、選択肢 $A_1, A_2, \cdots, A_n$ のそれぞれを選択した人数であり、π_i は、m 通りある状態のうち、特定の状態 i になる確率を表している。